쉽게 배우는
미국 식품 수출 성공 가이드

쉽게 배우는
미국 식품 수출 성공 가이드

ⓒ 식품음료신문사, 2019

초판 1쇄 발행 2019년 5월 20일

지은이	이종찬(Jay LEE)
펴낸이	이군호
편집	식품음료신문사·좋은땅 편집팀
인쇄	도서출판 좋은땅
펴낸곳	**식품음료신문사**
	04376, 서울 용산구 한강대로 39길 20(한강로2가, 부성빌딩 3층)
	대표전화 (02)3273-1114 **팩스** (02)3273-1150
	이메일 fnbnews@thinkfood.co.kr
	홈페이지 http://www.thinkfood.co.kr

ISBN 979-11-87372-00-4 (93570)

- 가격은 뒤표지에 있습니다.
- 이 책은 저작권법에 의하여 보호를 받는 저작물이므로 무단 전재와 복제를 금합니다.
- 파본은 구입하신 서점에서 교환해 드립니다.

이 도서의 국립중앙도서관 출판예정도서목록(CIP)은 서지정보유통지원시스템 홈페이지(http://seoji.nl.go.kr)와 국가자료공동목록시스템(http://www.nl.go.kr/kolisnet)에서 이용하실 수 있습니다. (CIP제어번호 : CIP2019018237)

현지 전문가 이종찬의 **미국식품안전현대화법(FSMA)** 길라잡이

쉽게 배우는 미국 식품 수출 성공 가이드

이종찬(Jay Lee) 지음

식품음료신문사

머리말

나는 2005년 미국으로 이민을 갔다. 한국에서 직장 생활을 하다가 30대 초에 새로운 아메리카 드림을 꿈꾸며 바다를 건넜다. 큰애가 한 살, 둘째는 아내가 임신 중이었고 모든 것이 모험이었다. 나는 새로운 환경에 적응하고 미국 주류 사회에 들어가려는 꿈을 꿔 왔다. 한국에서는 식품 아닌 분야에서 일하다가 우연히 한국 회사의 식품 공장에 취직하여 미국에서 품질관리 매니저로 업무를 배우면서 시작했다. 그 후 미국 식품 회사에서 생산 매니저, 생산 부사장까지 승진하며 경력을 쌓았고 나름대로 이민 1세로서는 드물게 전문적인 일을 하게 되었다. 아시아인으로서 미국 회사의 백인들 틈에서 살아남는 것은 쉽지 않은 일이다.

FSMA의 발효 이후 미국에서 식품 수입하는 사람들의 문의가 많아져 이를 계기로 2017년 초에 컨설팅을 하다가 짧은 시간에 벌써 여기까지 오게 되었다. 미국에 첫발을 내디딜 때 미국 땅에서 꼭 성공하겠다는 각오도 있었고 한국에서의 20대 생활—변리사 시험 실패와 IMF 첫 세대—의 암울함과 실패들로 다시는 한국 땅은 뒤돌아보지 않겠다는 각오 아래 미국 생활을 해 왔다.

하지만 현재 내 비즈니스의 절반은 한국 기업이어서 한국과 관계된 일이 많아지다 보니 출장을 자주 오게 되었고 우연한 기회에 식품음료신문과도 일을 하게 되었다. 식품의 미국 수출과 관련된 책은 작년부터 막연히 출간할 계획이었는데 그 계획을 앞당겨 준 식품음료신문의 이군호 대표님과 배경호 부국장님의 은혜에 감사를 드린다. 그리고 옆에서 물심양면 자리를 지키고 도와 주는 아내 최은경에게도 감사를 표한다.

아직도 미국에 본사를 두고 한국 지사를 운영하는지라 몸은 피곤하다. 그러나 한국에서 FDA와 관련된 전문 컨설팅 부족을 실감해 컨설팅과 교육을 제공하려고 노력하고 있다. 미국 최신의 식품 안전 제도 소개와 현지 미국 기업에 컨설팅하고 있는 노하우를 한국 기업과 정부 기관에 제공해 모국에 도움을 주고 싶다.

책의 완성도보다는 더는 미룰 수 없다는 생각에 일단 1쇄를 출간하였고 앞으로 내용을 계속 보강할 계획이다(사실 FSMA 관련 세부 법규가 계속 갱신되는 상황임). 이 책에 나온 내용은 J&B컨설팅에서 모두 제공하는 서비스라 책을 읽고 궁금하거나 도움을 받고 싶으면 언제든지 이메일[1]로 연락하면 된다.

2019년 3월
미국 캘리포니아에서
이종찬(Jay Lee) 드림

---

[1] jay@jnbfoodconsulting.com

목차

머리말 • 4

1. 서론 • 8
2. 식품안전현대화법(FSMA) 개요 • 10
3. 인간용 식품에 대한 예방관리
   (Preventive Controls for Human Foods · PCHF) • 14
4. 동물용 식품 예방 관리
   (Preventive Controls for Animal Foods) • 59
5. 농산물 규정(Produce Safety Rule) • 62
6. 해외공급자 검증제도(FSVP) • 74
7. 제3자 인증제도(Third party certification) • 115
8. 식품 테러 보호(Food defense) • 117
9. 위생적 운송(Sanitary transportation) • 122

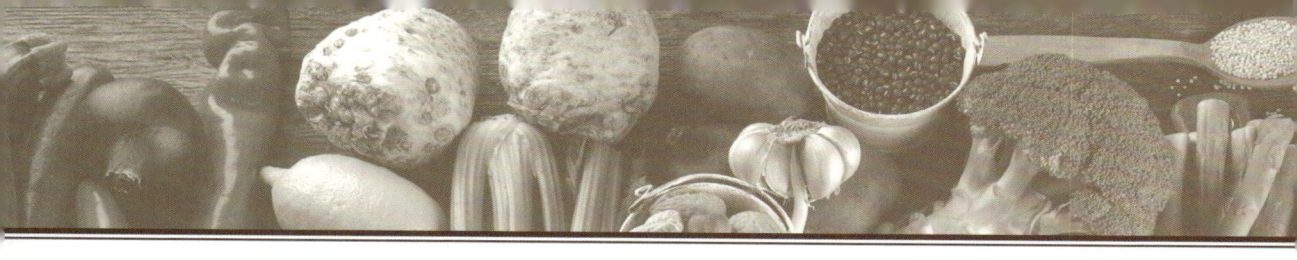

10. FDA 해산물 HACCP · 125

11. FDA 주스 HACCP(21 CFR Part 120) · 128

12. 건강 식품(Dietary Supplement) · 130

13. 미국에서 많이 쓰는 인증 · 134

14. 미국 식품 수출을 위한 단계별 점검 사항 · 165

15. 캐나다 법령 · 189

16. 마치며 · 197

용어 정의 및 약자 · 198

참고자료 · 200

1.
서론

현재 한국에서 미국으로의 농식품 수출은 늘어나고 있고 앞으로도 꾸준히 증가세를 보일 것으로 예상된다. 농수산 식품의 미국 수출 실적은 지난 2017년 약 10억 3000만 달러로 집계됐다. 2016년보다 7.2% 늘어난 규모다. 지난 2007년의 4억 달러와 비교하면 10년 사이에 2.5배 증가했다.

2016~2017년 대미 농림축산 수출 통계

(단위: 천 톤, 백만 달러, %)

국가	2016년 물량	2016년 금액	2017년 물량	2017년 금액	증감률 (물량)	증감률 (금액)	비중
미국	279.9	715.9	274.7	746.1	1.8+	4.2+	10.9

*출처: 농수산식품유통공사

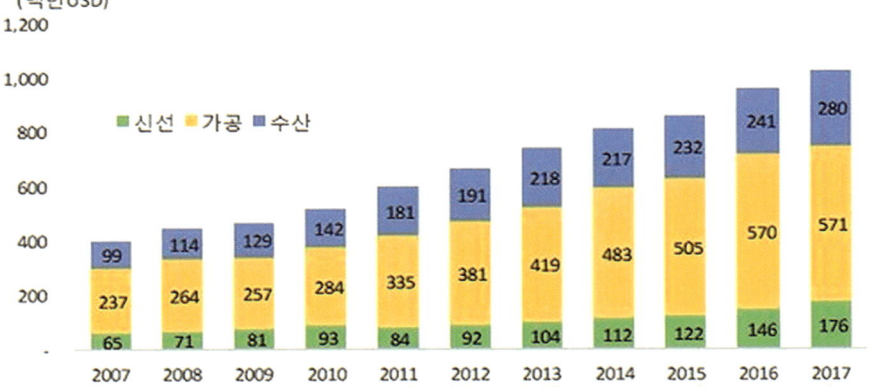

최근 10년간 한국 농식품 대미 수출액

(단위: 백만 달러)

*출처: 농수산식품유통공사

트럼프 정부의 등장 이후 각국은 보호무역주의로 치닫고 있는데 이것은 비관세장벽으로 작용하는 동시에 미국 국민의 건강을 지키는 명분으로 활용되고 있다. 이러한 상황에서 한국 수출업체와 미국에서 한국산 식품을 수입하는 업체는 새로운 규정이 적잖은 부담이 될 수밖에 없다.

미국 식품안전현대화법(Food Safety Modernization Act, 이하 'FSMA' 또는 '휘즈마') 법률은 광대한 법률이며 FDA 법률이 제정된 후 70여 년 만에 이루어진 대대적인 법 개편이다. 7개의 큰 범주에 대한 이해와 경험을 가진 국내 전문가가 많지 않은 상황에서 정확한 법률 소개와 FDA 관련 이슈의 소개가 시급한 현실이다.

이 책에서는 FSMA에 대한 7개의 범주에 대한 이해와 대응 방안, 사례 그리고 미국 식품 수출 실무를 다루고 있다. 각종 정부 기관의 자료 또한 FSAM에 대한 깊이 있는 설명과 실무자를 위한 정보가 부족한 상황에서 이 책은 식품 수출업체들에게 많은 도움이 되리라 생각된다. 이 책은 자세한 정보를 모두 담은 백과사전이라기보다는 전체 지도를 그린 지도라고 생각하는 것이 더 적절할 것 같다. FSMA 법이 개정되고 미국 FDA에서 계속 세부 규칙을 발표하므로 이 책 또한 출간 시점까지의 법률만 포함하고 있다. 앞으로 개정판을 통해 계속 관련 법안의 규칙을 보완할 계획이다.

아무쪼록 이 책이 대미 식품 수출을 위한 길잡이가 되기를 바라지만 완성도보다는 출간에 초점을 두어 부족한 점도 있으리라 생각된다. 필자가 미국으로 이민간 지 약 15년이 지나 세련된 한국어나 적절한 어휘 선택에 한계가 있어 정확한 의미 전달을 위해 영어 단어를 병기함을 이해해 주기 바란다.

2.
식품안전현대화법(FSMA) 개요

1) 개정 배경

미국 질병예방통제국(Centers for Disease Control and Prevention)에 의하면 매년 약 4800만 명의 미국인(인구 6명당 1명꼴)이 식중독에 걸리고 12만 8000명이 병원에 입원하며 3000명이 사망하는 것으로 알려져 있다. 이는 공공의 건강에 큰 영향을 미치는 것으로 대개는 예방 가능한 경우가 많다.

Food Safety Modernization Act(FSMA)는 2011년 1월 4일 오바마 대통령이 서명한 법안으로 FDA로 하여금 식품 위생 시스템을 강화하여 공공 보건을 지키려는 목적하에 발효되었다. 이전까지 FDA의 식품 관리 시스템이 문제 발생 후에 이루어지는 소극적 대응이었다면 FSMA는 위험에 기초하여 미리 예방하는 선제적 관리 시스템으로 바뀐 것이다.

한 가지 특징은 미국의 식품 관리 기준의 강화뿐만 아니라 외국에서 수입되는 식품에 대해서도 같은 기준을 적용함으로써 통합적인 식품 위생 관리 시스템을 구축한 것이다. 새로운 식품 시스템 구축은 시간이 걸리는 작업이지만 FDA는 새로운 법안이 효과적으로 시행될 수 있도록 노력하고 있다. 법안은 FSMA 항목별로 구체적인 시행일을 정해 놓았다.

FSMA 법안의 특징을 살펴보면 다음과 같다.

(1) 예방(Prevention)

FDA는 처음으로 포괄적이고 과학적으로 예방 조치를 취하는 시스템을 구축하였다. 식품 시설은 서면으로 작성된 예방통제계획(Preventive Controls Plan)을 가지고 있어야 하고, 그 계획은 식품 위생을 위협할 수 있는 위해요소(Hazards)를 파악하고, 단계별로 예방 조치를 마련하여, 어떻게 점검할 것인지, 서면 기록을 어떻게 관리할 것인지, 문제 발생 때 시정 조치를 어떻게 할 것인지에 대한 통제 계획을 포함하고 있어야 한다.

(2) 농산물 규정(Produce Safety Rule)

FDA는 과일 및 채소 등의 농산물 재배 및 수확 규정을 마련하였다. 이 규정은 자연적으로 발생한 위해요소와 의도적 또는 비의도적인 위해요소를 포함하며 토양 개량을 위해 쓰는 재료(거름, 퇴비 등), 개인 위생, 패키징, 온도 통제, 재배지에서의 동물 활동 통제, 농업용수 등도 관리 대상이다.

(3) 의도적 오염에 대한 통제 계획(Intentional Audulteration)

최근 테러 위험이 커진 가운데 외부자의 침입에 의한 식품 시설의 의도적 오염을 방지하는 계획을 마련하는 것을 규정하고 있다.

(4) FDA의 의무적 시찰(Inspection) 주기

FSMA에서는 의무적 시찰 주기를 마련하였다. 위험성이 높은 제품군에 대해서는 FDA가 1년에 600개 이상의 해외 공장을 실사하도록 하였으나 향후 5년 동안 실사 건수를 매년 2배로 늘릴 계획이다.

(5) 기록 접근

FDA는 서면 기록에 대한 접근을 강화하고 있다. FDA 방문 시 관련 서류를 24시간 이내에 제출해야 한다.

(6) 강제 리콜

FSMA는 FDA에게 강제 리콜을 할 수 있는 권한을 주었다. FDA의 요구에도 불구하고 자발적 리콜이 이루어지지 않을 때는 FDA가 직권으로 리콜 조치를 할 수 있다.

(7) 공장 등록의 정지

공공 보건에 심각한 위험을 줄 가능성이 있으면 FDA는 직권으로 공장 등록을 정지할 수 있는 권한을 갖게 되었다.

(8) 강화된 식품 이력추적 능력

FDA는 국내 및 수입 식품에 대해 이력추적을 강화하는 시스템을 개발하고 있다.

(9) 강화된 수입식품 관리 규정(FSVP: Foreign Supplier Verification Program)

FDA 규정은 처음으로 식품 수입업자에게 해외 공급자의 제품이 안전하다는 것을 인증하는 책임을 부과하였다.

(10) 제 3 자 인증 기관

FSMA 는 자격을 갖춘 제 3 자 인증 기관에게 해외 공급자가 미국 기준에 부합함을 인증할 수 있게 하였는데 이 인증서는 수입 시에 이용할 수 있다.

(11) 위험성 높은 제품군

FDA 는 위험성 높은 제품에 대해서는 수입업자가 제 3 자 인증 기관에 의뢰하여 당해 제품이 미국 기준에 부합하다는 것을 인증받은 뒤에 수입하도록 했다.

(12) 자발적 적격 수입자 프로그램(VQIP: Voluntary Qualified Importer Program)

FDA 는 VQIP 를 수립하여 수입업자가 자발적으로 해외 공급자의 식품이 미국 기준에 부합하다는 인증을 미리 받을 수 있게 했다. 이 인증서는 수입 시에 쓰일 수 있고 통관 시간을 줄이는 혜택이 있다.

2) 7 개의 FSMA 범주 및 시행일

FSMA 의 7 개 항목으로는 인간용 식품 예방통제(Preventive Control Rule for Human Foods), 동물용 식품 예방통제(Preventive Control Rule for Animal Foods), 농산물 규정(Produce Safety Rule), 위생적 운송(Sanitary Transportation), 바이오 테러리즘에 대한 식품 보호(Food Defense), 제 3 자 기관에 의한 인증(Third-party Certification), 해외 공급자 검증제도(FSVP)가 있다.

FSMA 항목	시행일(소규모 업체가 아닌 경우)*
Preventive Controls for Human Foods	2016년 9월 19일
Preventive Controls for Animal Foods	2016년 9월 19일
FSVP(Foregin Supplier Verification Program)	2017년 5월 30일
Produce Safety Rule	2018년 1월 26일 (Sprout Rule은 2017년 1월 16일) (농업용수 Rule은 2022년 1월 26일)
Food Defense	2019년 7월 26일
Third-party Certification	현재 시행 중
Sanitary Transportation	2017년 4월 6일

*자세한 시행일은 FDA Compliance Dates 웹페이지[2] 참조

아래는 FDA 웹페이지에 나온 FSMA 7개 항목의 업체 규모별 시행 시기를 정리한 표이다. 한국어로 된 표도 같이 올라와 있다.

시행일표[3]

---

[2] https://www.fda.gov/Food/GuidanceRegulation/FSMA/ucm540944.htm

[3] https://www.fda.gov/downloads/Food/GuidanceRegulation/FSMA/UCM568798.pdf

3.
인간용 식품에 대한 예방관리
(Preventive Controls for Human Foods·PCHF)

1) 개요

기존의 GMP 규정에 HACCP 과 유사한 그리고 더 포괄적인 식품 관리 규정을 마련하였다. 기존에 FDA 가 수동적이고 반응적인 식품 위생 관리를 하였다면 이제는 능동적이고 예방적 (Risk-based)인 통제 방법을 도입한 것이다. HACCP 이 GMP 의 선결 조건 위에 시행될 수 있듯이 식품예방관리(PCHF)도 GMP 의 기반 위에서 실행되는 제도이다.

시행일은 업체 규모에 따라 다르다.[4]
- 종업원 500 명 이상의 회사: 2016 년 9 월 18 일
- 종업원 500 명 이하의 회사: 2017 년 9 월 18 일
- Very Small Business(연매출 100 만 달러 이하): 2018 년 9 월 18 일

이미 FDA 는 위험에 근거한 특별 규정을 마련하고 있었다. 해산물의 경우에는 Seafood HACCP 규정이, 저산성 식품의 경우에는 Low Acid Can Food(LACF) 규정이 그리고 Juice HACCP, USDA 의 고기류 관련 규정, 유제품의 경우에 PMO(Pasteurized Milk Ordinance) 규정 등이 위험에 따라 특별 규정으로 관리되고 있었다. 그러나 이제는 FSMA 를 통해서 모든 제품에 대해 위험에 근거한 식품 위생 시스템을 요구하고 있다.

---

[4] https://www.fda.gov/Food/GuidanceRegulation/FSMA/ucm540944.htm#FSVP 참조

HACCP과 PCHF의 차이점

요소	HACCP 플랜	미국 식품 안전 플랜에 추가된 내용
위해요소 분석	생물학적, 화학적, 물리적	알레르기와 방사능을 포함한 화학적 위험, 경제적 동기 유발 위험 고려
선행 조건	공정에 대한 CCP	CCP 공정 + CCP가 아닌 다른 포인트 통제
매개 변수 및 값	임계 한계	파라미터와 최소·최대값, 공정 제어에 대한 임계 한계
모니터링	CCP에 필요한 것	기타 예방 제어에 필요한 경우
시정 조치 및 행동	시정 조치	필요에 따라 수정 조치 또는 수정
검증	공정 제어용	모든 예방통제에 적합한 경우 공급 업체가 위해요소를 제어할 때 공급 업체 검증 필요
기록	공정 제어용	모든 예방 제어 대상
리콜 플랜	플랜에 필요하지 않음	예방통제가 필요한 위험 요소가 식별될 때 필요

*출처: FSPCA 교재

PC Rule이 HACCP과 다른 점은 HACCP에서는 제일 중요한 Critical Control Point를 관리하는 데 중점을 두지만 PC Rule에서는 HACCP에서 다루는 CCP를 포함하여 Allergen, Sanitation, Supply-chain을 통해 위해요소를 관리하고 기록으로 반드시 남겨야 한다. HACCP은 CCP(중점위해요소)의 한계가 구체적 값으로 설정되지만 PC Rule은 'Parameters and Values'라는 더 넓은 개념의 용어로 통제하고 있다.

만약에 위해요소가 공급망 내 다른 시설에서 통제되고 관리되면 자기 시설에서는 위해요소 관리를 안 해도 된다. 다만, 공급망 내에 다른 기관이 위해요소 통제를 하고 있다는 서면 기록(Written Assurance)을 남겨 놓아야 한다.

2) PCQI(Preventive Control Qualified Individual: 위해요소 예방관리전문가) 교육

PCQI란 위험에 근거한 예방통제의 개발과 적용에 관한 교육 훈련을 성공적으로 이수한 자 또는 경력을 통해 식품 위생 프로그램을 개발하고 적용한 자를 말한다(21 CFR 117.3). PCHF에서는 공장마다 PCQI를 지정하여 미국 식품안전계획(PCHF)을 수립하고 그에 따른 시행과 서면을 관리·감독하도록 요구하고 있다.

현재 PCQI 교육은 국내외 교육 기관에서 시행되고 있다.[5] 이 교육은 이 과정을 마치는 것이 아니라 식품위생계획(PCHF)을 만드는 것이 목적이므로 미국 식품 업계 경험이나 FDA 시찰 경험이 많은 기관의 교육 내용이 중요하다. 법적으로는 PCQI 의 교육 수료증이 필수는 아니지만 한국 같은 경우에는 미국 FDA 의 FSMA 법을 알 수 없으므로 교육이 필수적이라고 할 수 있다.

3) 식품안전계획(PCHF: Preventive Control for Human Food)

식품안전계획이란 식품 위생 원칙에 근거한 일련의 서면 서류 즉 위해요소, 예방통제, 공급망 관리와 리콜 계획 그리고 점검과 시정 조치, 검증 등의 절차(21 CFR 117.126)를 말한다. 한국에서는 용어 통일이 안 돼 식품위생계획, HARPC 등이 쓰이지만 미국 그리고 FDA 에서 쓰는 용어는 PCHF(인간용 식품에 대한 예방통제)이다.

식품안전계획의 내용을 보면 다음과 같은 모듈로 구성되어 있다.
- 위해요소 분석(Hazard Analysis)
- 예방통제 계획 계획(Preventive Controls): 공정 관리, 위생 관리, 알레르기 관리, 공급망 관리
- 회수 계획
- 점검 절차
- 시정 조치 절차
- 검증 및 기록
- 옵션: FDA 법규상 요구되는 것은 아니지만 사실상 대부분의 식품안전계획이 가지고 있는 내용이다. FDA 실사 시 조사관의 제품과 공정 이해를 위해 넣는 것이 좋다. (회사 개요, 제품 개요, 공정도, 공정 설명 등)

그동안 미국에서도 리콜 사태가 심심치 않게 발생했다. 식품 업계도 높은 수준의 위생 관리를 시행하고 있지만 그래도 사고는 여전히 발생하고 있다. 특히 해외에서 생산되는 식품이 늘면서 해외 수출 제조자에게 새로운 시스템을 적용하려는 것이다. 아래는 몇몇 리콜 사건의

---

[5] 필자의 교육은 미국 현지 경험을 바탕으로 하므로 추천한다. www.jnbfoodconsulting.co.kr 참조

예인데 이를 예방하기 위한 조치로 HACCP 이상의 예방통제 방법(Preventive Controls)을 도입함으로써 식품 안전 시스템을 현대화하려는 것이다.

미국 식품 오염 사례와 그와 연관된 예방 관리 방법

발생 및 회수 사례	예방통제 부족
미국, 2008~2009 년 상업용 땅콩 제품에 살모넬라 검출 · 200 곳 이상의 회사에서 약 3900 개 제품이 리콜됨 · 46 개 주에서 714 명 감염, 9 명 사망	· 프로세서: 로스터 유효성 검사 · 위생: 교차오염 방지 및 환경 병원체 제어 · 고객: 공급망 프로그램
영국, 1989 년 헤이즐넛 요구르트로 인한 보툴리누스 중독 · 27 건, 1 명 사망	· 프로세서: 헤이즐넛 보존의 검증 또는 냉장 · 고객: 공급망 프로그램
알레르기 리콜 · 알레르기 항원이 FDA 식품 리콜의 1/3 이상을 차지 · 가장 일반적인 근본 원인: 잘못된 패키지 또는 라벨	· 알레르기 제어: 알레르기 물질 교차 오염 방지 및 정확한 라벨의 사용

■ **식품안전계획에 대한 특징**

● 시설에 특정해야 함(Specific to Site): 예시로 된 식품안전계획 등을 아무런 검토 없이 복사해서 쓰는 경우가 있다. 특히 한국 HACCP 의 경우 시설별로 특정한 위해요소 분석이 되지 않고 획일적인 위해요소 분석이 되어 있는 경우가 많다. 같은 제품을 생산한다 해도 공장의 특수한 환경에 따라 다른 위해요소가 존재할 수 있으므로 주의하여야 한다.

● 그룹으로 묶어도 됨(Grouping): 생산 제품이 많으면 식품안전계획을 개별로 짜는 것이 쉽지 않을 때가 있다. 이럴 때는 그룹으로 묶어서 할 수도 있다. 예를 들어 중량이 틀린 경우라든가 향료가 다른 경우 등이 해당될 수 있다. 그룹으로 하는 경우 미세한 성분의 차이가 나더라도 공정이 달라지면 위해요소도 달라질 수 있으므로 주의하여야 한다.

● 식품안전계획은 융통성이 있다(Flexible): FDA 가 예시적인 틀을 만들어 획일적으로 사용하라는 지침은 없다. 단지, FSPCA 에서 만든 교재에 있는 예시 틀이 하나의 지침이 될 수 있지만 그것이 의무 양식은 아니다. FDA 에서 요구하는 내용만 들어 있으면 어떠한 양식이든 상관 없다.

4) GMP 와 선결 프로그램(Prerequisites)

HACCP 과 마찬가지로 PCHF 도 GMP 와 선결 프로그램이 있어야 성공적인 위해요소 관리가 가능하다. GMP 및 선결 프로그램은 집의 기초와 같은 역할을 하는 것이다.

21 CFR 117 에 규정된 cGMP 의 내용으로는,
- Personnel(사람)
- Plant and grounds(건물과 땅)
- Sanitary operations(위생적 운영)
- Sanitary facilities and controls(위생적 시설과 통제)
- Equipment and utensils(장비와 기구)
- Processes and controls(공정과 통제)
- Warehousing and distribution(창고와 유통)
- Holding and distribution of human food by-products for use as animal food(동물용 부산물의 저장과 유통)
- Defect action levels(결함 조치 수준)으로 구성되어 있다.

개정된 cGMP 는 기존의 21 CFR 110 에서 FSMA 의 PC Rule 이 생기면서 21 CFR 117 로 개정되었다. 특이한 점은 21 CFR 117 Subpart B 에서 알레르기의 교차오염 방지에 대해 다루고 있다. 예를 들어 알레르기의 교차오염 방지를 위해 Food, Food-contact ssurfaces, Food packaging 은 물론이고 Non-food contact 부분도 주기적으로 세척하도록 요구하고 있다. 그리고 종업원 위생 관리(Personnel hygiene)가 이제는 필수 사항이 되어 Training 과 Record-keeping 을 하여야 한다.

주요 내용은 다음과 같다.

(1) 종업원 교육
식품 제조 시설에서 근무하는 직원들은 교육, 경험 또는 훈련을 통해서 제조, 가공, 저장 등의 업무를 할 수 있도록 자격을 갖추어야 한다.

(2) 개인 위생

상처와 관련하여 관리, 손 씻기, 개인 위생, 장갑 착용, 작업복, 장신구, 헤어넷, 개인 소지품, 제조 시설 내 개인 음식 반입 금지 등을 규정한다.

(3) 공장 및 지면

쓰레기 제거, 잡초 제거, 사용하지 않는 장비, 적절한 배수, 청소 공간 확보, 교차오염 방지, 청소가 용이한 벽이 되어야 하고, 천장이 청결한 상태일 것, 응축수 및 낙수 방지, 조명, 유리 파편 방지, 환기구, 유입 공기에 대한 필터링 등의 요구 사항이 있다.

(4) 위생적 운영(Sanitary Operation)

공장 건물의 유지 보수, 청소에 의한 오염 방지, 청소용 세제 및 화학물질의 적절한 보관, 불필요한 독성 화학물질의 제한적 사용 및 적절한 보관 방법, 병해충 방지, 식품 접촉 표면의 필수적 세척, 필요 시 식품 비접촉 표면에 대한 세척, 일회용 기구에 대한 오염 방지, 기구나 장비에 의한 재오염 방지 등을 해야 한다.

(5) 식품 접촉면

식품이 접촉하는 장비나 기구 등의 표면은 세척하기 쉽게 설계되고 교차오염을 방지하게 디자인되어야 한다. 식품 접촉면은 알레르기의 교차오염과 환경성 전염균의 서식지가 될 수 있으므로 이를 예방해야 하며 청소 주기는 오염을 막을 수 있게 설정해야 한다.

(6) 위생적 시설과 통제

음용이 가능한 식용수가 공급되어야 한다. 적절한 배관, 상하수도 시설, 화장실, 세면대, 적절한 쓰레기 처리 시설이 있어야 한다.

(7) 식용수와 배관

비식용수로 인한 오염을 방지해야 한다. 교차오염과 역류로 인한 상수도원을 방지해야 한다. 식용수는 방사능 위해요소를 포함할 수 있으며 미생물 서식과 중금속 오염 등의 생물학적, 화학적 위해요소를 포함할 수 있다. 얼음을 이용할 때는 얼음의 식용 여부도 관리·유지하여야 한다. 또한 적절한 온도와 압력 유지로 식수도원이 오염되지 않도록 해야 한다.

(8) 세면대와 화장실

인간은 여러가지 병원균과 알레르기 교차오염의 근원이 될 수 있다. 화장실은 접근 가능성이 높게 배치되어야 한다. 오염의 근원이 될 수 있으므로 항상 깨끗하게 유지 관리해야 한다. 배수구 시설이 잘 되어 있어야 하며 작업장으로 복귀 전에 손을 씻도록 환기할 수 있는 표시가 있으면 좋다.

(9) 장비와 기구

쉽게 세척할 수 있도록 설계되어야 한다. 오염의 근원이 되지 않도록 유지 관리되어야 한다. 부식되지 않아야 하고 표면에 독성물질이 있어서 식품을 오염시키지 말아야 한다. 압축 공기를 쓰는 경우에는 필터링을 통해서 이물질이 식품에 들어가지 않도록 하여야 한다. 냉장·냉동 제품은 온도를 관리·기록하여야 한다. 공정 관리와 관련된 장비는 적절하게 관리·유지되어야 하며 주기적으로 검사와 교정을 하여야 한다.

(10) 공정과 통제

적절하게 공정(Process)과 통제(Control)를 하여 식품이 오염되지 않도록 한다. 식품 시설 관리자는 적절하게 전반적인 청결을 유지하여야 한다. 오염된 식품은 상업적으로 판매되지 않아야 한다.

(11) 원재료와 성분들

미생물에 대한 FDA 관리 기준에 적합하여야 하고 병충해 오염이 없어야 하며 공급자의 시험 성적서 또는 살균 처리 등의 서류를 요청할 수 있다. 주기적으로 실사를 할 수 있다. 교차오염과 부패 등을 유발하지 않게 저장 및 유통되어야 한다. 또한 재가공(Rework)으로 인한 미생물 오염 및 알레르기 교차오염이 되지 않도록 한다.

(12) 창고 및 유통

저장과 유통 시 알레르기 교차오염과 미생물에 의한 오염이 일어나지 않도록 하여야 한다. 적절한 온도와 습기를 유지할 수 있어야 한다. 식품 용기의 부식으로 인해 외부의 이물질, 미생물, 알레르기가 침입하지 않도록 하여야 한다.

5) 위해요소

(1) 위해요소의 종류

위해요소란 생물학적, 화학적(방사능 포함), 또는 물리적으로 질병이나 부상을 유발할 수 있는 잠재적 요소들을 말한다(21 CFR 117.3). 질병이나 부상을 일으키지 않는다면 FDA 의 관점에서는 위해요소로 보지 않는다. 경제적 사기(Economic Fraud) 같은 경우(예를 들어, 참기름에 들기름을 섞는 행위)는 식품 위생과 관련이 없으므로 위해요소로 보지 않는다. 식품 안전에 영향을 주지 않는 부패(Spoilage), 곤충 조각, 오물(Filth)은 위해요소가 아닐 수도 있다. 그중 FDA 통계상 가장 큰 위해요소는 표기되지 않은 알레르기 물질, 살모넬라와 리스테리아균 오염에 의한 것이다.

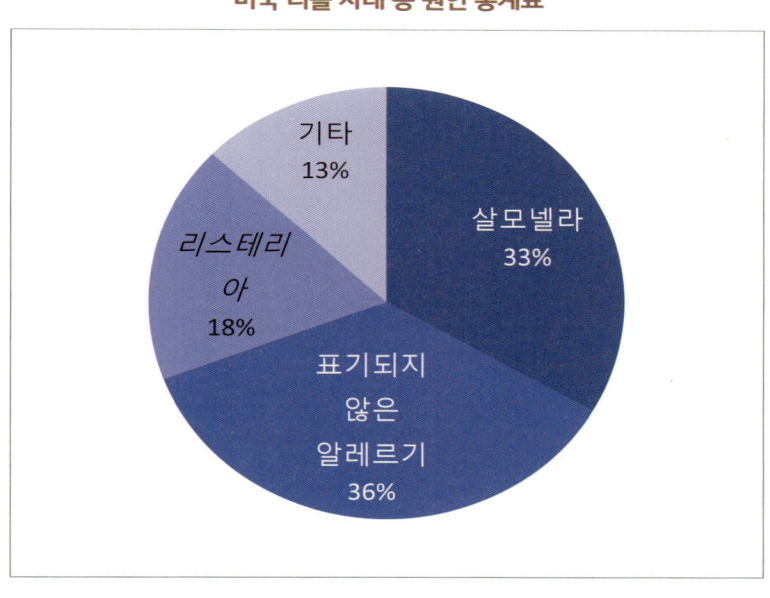

*출처: FDA

(2) 생물학적 위해요소

생물학적 위해요소의 종류에는 박테리아(Bacteria), 바이러스(Viruses), 원생동물류(Protozoa), 효모균류(Yeasts), 곰팡이균류(Molds), 프리온(Prions) 등이 있다.
박테리아는 우리가 가장 흔히 볼 수 있는 생물학적 위해요소로서 살모넬라, E. 콜라이(E. Coli), 리스테리아, 클리스토리움 보툴리눔 등의 미생물을 말한다. 바이러스는 동물, 식물,

세균 등 살아 있는 세포에 기생하고 세포 안에서 증식이 가능한 미생물인데 대표적으로 식중독을 일으키는 노로바이러스나 간염을 유발하는 B형 간염균을 말한다.

원생동물류(Protozoa)는 단세포 동물로서 Cryptosporidium spp., Giardia intestinalis, Cyclospora cayetanensis, Toxoplasma gondii, Trichinella spp., Anisakis spp., Diphyllobothrium spp., Taenia spp.가 대표적이다. 2018년도에 미국에서 발발한 맥도날드의 샐러드 리콜 사태도 Cyclospora에 의한 오염이었다. 프리온은 크로이츠펠트 야콥병(광우병) 등의 유발 인자로 여겨지는 단백질 분자이다.

① 감염(Infection)과 독소중독(Intoxication)

감염은 인간이 미생물에 오염된 식품 섭취로 몸 속에 미생물이 들어간 경우이다. 식품 속에 미생물이 성장하지 않더라도 인체에 들어가 미생물이 성장하여 사람에게 해를 끼칠 수 있다. 대표적인 병원성 미생물로는 병원성 대장균, Salmonella, Listeria monocytogenes, 모든 종류의 바이러스와 기생충이 해당된다.

이와 반대로 독소 중독은 미생물 생성 독소가 있는 식품을 섭취한 뒤에 독소로 인해 인체가 중독 증상의 해를 입는 것을 말한다. 이때 식품의 해당 미생물이 성장하지 않으면 독소가 발생하지 않는다. 대표적인 예로는 Staphylococcus aureus, Clostridium botulinum, Bacillus cereus 균 등이 있다.

② 생물학적 위해요소의 통제 방법

크게 3가지로 나누어서 아예 발생을 막거나, 살균하거나, 생장을 억제하는 방법이 있다.

③ 살균하는 방법

열 처리, 산성 처리, 보존제 이용, 방사능 처리, 초음파 가공, 고압 처리, 광선 처리(Pulsed light) 등의 많은 방법이 있다. 살균 시에는 온도, 시간, 식품의 조성(Formula)이 중요한 변수로 작용한다.

④ 포자 생성 미생물(Spore-former)

일반 미생물은 생장기를 거쳐 사멸해 일생을 마감하는데, 포자생성 미생물균(Spore former)은 생장도 하지만 생존하기에 적절하지 않으면 포자를 형성해 웅크리고 있다가 적절한 환경이 되면 다시 생장 세포로 살아나서 활동하는 미생물이다. 대표적인 예로는 Bacillus cereus, Clostridium botulinum, Clostridium perfringens 로서 포자는 고온과 고열에도 죽지 않으므로 초고온 처리가 필요하다.

대표적인 포자 생성균인 Clostridium botulinum[6]

(하얀색 동그라미가 포자)

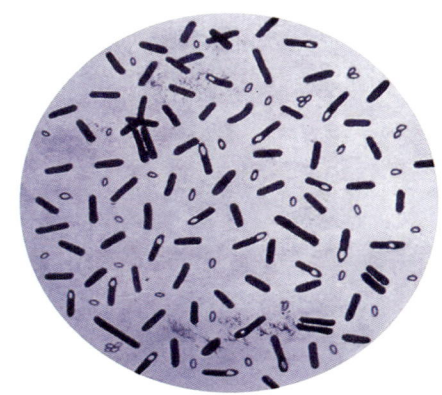

⑤ 박테리아 생장에 영향을 주는 요소들

박테리아 생장에 영향을 주는 요소로는 유기물, 온도와 시간, pH(산성 또는 알칼리성 정도에 따라), 수분, 적절한 기압, 산소 유무, 미생물 등의 경쟁, 보존제 유무 등이 있다. 이러한 요소들을 통제함으로써 미생물의 생장을 억제하거나 방지할 수 있다.

---

[6] https://mechpath.com/2015/12/01/clostridium-botulinum/

⑥ 바이러스

바이러스 자체는 식품에서 성장하지 않고 식품을 훼손하지는 않지만 섭취 후에 인체에 감염을 일으킬 수 있다. 때에 따라선 냉동 상태도 견딜 수 있다. 주로 인간의 접촉에 의해 오염되고 오염된 물이나 환경을 통해 전염된다.

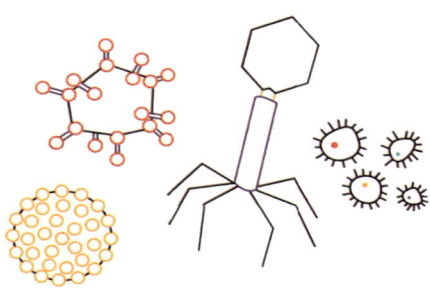

바이러스 모형[7]

대표적인 바이러스로는 노로바이러스가 있다. 바이러스 중에서 가장 많은 발병률을 보이는데 어지럽고, 토하고, 설사와 두통과 미열 등의 증세를 보인다. 오염된 음식이나 물을 섭취하거나 또는 물건과 접촉함으로써 바이러스가 입을 통해 몸 속으로 들어오면 쉽게 감염을 일으킨다.

또 하나의 예는 A 형 간염균이다. 열이 나거나 위가 불편하고, 황달 증상 등이 나타난다. 보통 음식이나 사람, 물 등을 통해 오염되고 집단 시설 같은 곳에서 발병률이 높다. 바이러스를 예방하기 위해서는 종업원의 개인 위생, 감염 종업원의 생산 라인 제외, 인간 배설물의 적절한 처리, 농산물에 쓰는 퇴비의 적절한 관리, 하수구 처리, 화장실 청결 유지 등이 필수이다. 바이러스를 제거하기 위해서는 가열 등의 쿠킹 과정이 필요하다.

⑦ 기생원생동물(Protozoa)

기생원생동물은 식품에서 성장하지는 않는다. 대표적인 기생원생동물로는 Cryptosporidium parvum, Cyclospora cayetanensis, Giardia intestinalis(lamblia), Toxoplasma gondii, Trichinella spp.가 있다. 보통 농산물은 농업용수나 흙, 인간 배설물, 비위생적 환경 등을 통해 감염될 수 있다.

---

[7] https://waag.org/en/event/cooking-viruses-workshop

이를 예방하기 위해서는 종업원의 개인 위생 관리, 인간 배설물의 처리, 감염 종업원의 생산라인 제외, 감염된 야생 동물과의 접촉 회피, 적절한 하수구 처리, 적절한 냉동과 해동 주기 유지 등이 필수이다. 바이러스를 제거하기 위해서는 가열 등의 쿠킹 과정이 필요하다.

Protozoa[8]

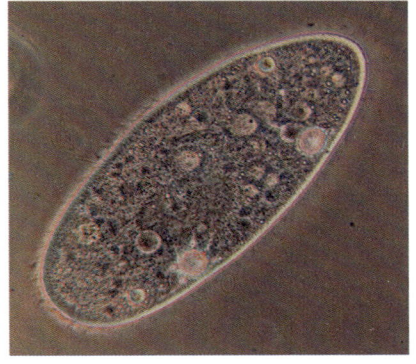

⑧ 생물학적 위해요소 원인별 통제 방법

뒤에서 다룰 예방 관리 부분에서는 생물학적 위해요소를 통제하는 방법을 다룬다. 다음은 위험요소 원인별로 어떻게 통제할 것인지 간략히 예시하였다. 이는 뒤에서 더 자세히 다룬다.

원인별 통제 방법 예시

위험 요소	잠재적 통제
구성 요소	· 공급망 프로그램 · 가공 제어(예: 요리, 냉동)
환경	· 위생 통제(예: 세척, 위생, 위생 디자인, 구역 나눔) · 가공 제어(예: 포장된 요리)
사람	· 가공 통제(예: 포장된 요리) · 위생 제어(예: 구역 나눔) · GMPs(예: 교육, 개인 위생, 질병 제외)

*출처: FSPCA 교재

---

[8] http://www.newworldencyclopedia.org/entry/File:Paramecium.jpg

(3) 화학적 위해요소

화학적 위해요소는 크게 3 가지로 분류된다.

- 자연적으로 생기는 경우(Chemicals occurring naturally): 알레르기, 곡류의 독소(Mycotoxin), 부패로 인한 부산물(예: 생선의 히스타민)
- 제품 포뮬라를 만들 때 넣는 경우(Chemicals used in formulation): 첨가제, 색소, 보존제 등
- 비의도적 또는 실수로(Chemicals unintentionally or incidentally present): 공장 내 세척용 화학 제품, 농약, 산업용 화학제, 중금속, 항생제, 방사능 등

화학적 위해요소는 인체에 단기적 또는 만성적 효과를 일으킬 수 있다. 알레르기와 같은 물질은 즉각적인 반응을 보일 수도 있고 공정상 쓰는 세척용 화학제는 피부 조직에 바로 손상을 미칠 수 있다. 반면에 장기적이고 만성적인 영향을 줄 수도 있는데, 캔디에 든 납 성분은 아이들의 신경계 발달 장애를 유발하고 만성적인 아플라톡신은 간암을 유발할 수도 있다. FDA 는 장·단기적 영향을 줄 수 있는 화학성분들을 평가하고 있다.

① 알레르기 관련 위해요소

식품 리콜 중 3 분의 1 이 알레르기 성분 표기와 관련된 것이다. 한국에는 식품 알레르기를 가진 사람이 드무나 미국인은 통계상 5 명 중 1 명이 식품 알레르기를 지니고 있다고 한다. FDA 에서도 알레르기를 화학적 위해요소로 규정하고 세심히 규정하고 있다. 한국의 HACCP 은 미국의 8 대 알레르기를 포함하고 있지 않으므로 이에 대한 알레르기 통제 방법이 필수이다.

알레르기는 극소의 미량에도 반응할 수 있다. 반응 정도는 사람마다 다르지만 어떤 사람은 알레르기로 사망하는 경우도 있다. 알레르기 증상으로는 입이 붓고 따끔거리며 혀와 입술에 마비가 오며 장이 꼬이거나 토하거나 설사를 한다. 피부 발열이 생기며 기도가 막히고 심혈관이 막힐 수도 있다. 특히 아나팔락시스(Anaphylaxis)라는 전신 발작이 오고 두드러기 등을 동반한 위험한 상황에 처할 수도 있다.

미국의 8 대 알레르기는 반드시 기억하여야 한다.

> 생선, 갑각류, 계란, 우유, 밀, 콩, 땅콩, 견과류

위의 8가지가 미국인 환자의 90%가 가지고 있는 알레르기이다. 그러므로 알레르기가 있는 소비자는 식품 정보를 정확히 알고 알레르기 성분을 피하는 게 상책이고 제조자 또한 소비자에게 정확한 알레르기 정보를 제공할 의무가 있다.

그러므로 직접 제품 성분에 들어 있지 않아도 다른 알레르기 제품을 생산한 후 세척하지 않으면 교차오염으로 알레르기 잔존 물질이 생기고 이로 인해 소비자가 피해를 볼 수 있다. 실제로 미국으로 수출하는 기업들이 이러한 문제로 리콜당하는 경우가 있다.

알레르기 리콜 사유 통계

사유	횟수
잘못된 라벨 또는 포장지	137
용어 틀림	85
성분 해당 정보 없음	70
교차 접촉	52
재료 틀림	31
재작업	9

*출처: Gendel and Zhu 2013

■ **제품 디자인 시 알레르기 고려 사항**

- 공장 또는 생산 라인에 어떤 알레르기가 있는지 파악할 것
- 제품 포뮬라 시 특별한 알레르기를 제한할 것(최근 미국에서는 알레르기 대체 식품이 대세)
- 원재료 공급자에게 요청하여 불필요한 알레르기 물질을 제거하도록 요청
- 될 수 있으면 미량 성분의 알레르기 성분은 포뮬라를 만들 때 피하기

② 곰팡이 독소(Mycotoxin)
곰팡이 독소는 저장된 곡류(옥수수, 콩 등)에 습기와 온도의 영향으로 곰팡이가 만들어 내는 독소이다. 독소가 발생할 수 있는 변수로는 특정 날씨(주로 가뭄), 곤충에 의한 오염, 냉각 지연 속도, 부적합한 저장 등이 있다.

썩은 옥수수에 핀 곰팡이 및 독소[9]

종류로는 아플라톡신이 있고 주로 땅콩, 옥수수, 견과류 그리고 향신료(고춧가루 등) 등에서 발생한다. 오크라톡신은 주로 커피, 건포도류, 시리얼류 곡물, 특정 향신료 등에서 많이 발생한다. 퓨모니신(Fumonisins)은 주로 옥수수 등에 발생하는 독소이고 디옥시니발레놀(Deoxynivalenol(DON))이나 제랄라논(Zearalenone)은 밀이나 보리류에서 생성되는 독소이다. 제랄라논은 중독 시 외음부 종창, 유방 및 자궁의 종창을 초래한다. 패툴린(Patulin)은 주로 사과 등의 과일류에 발생하는 곰팡이균 독소이다. 특히 FDA는 사과류에 대한 패툴린을 의무적으로 관리하도록 하고 있다.[10]

③ 포뮬라상에서 쓰이는 화학 첨가제

제품을 포뮬레이션할 때 화학 첨가물이 들어간다. 첨가제(Food additives), 색소(Color additives), 보존제(Preservatives), 영양보충제(Nutritional additives), 항균제(Antimicrobials) 등이 그것이다.

미국에서 첨가제로 쓰일 수 있는 목록은 FDA 웹사이트에 게재되어 있다.[11] 여기에 있지 않는 성분들은 GRAS(Generally Recognized As Safe)로 등록이 되어 있거나 Self-GRAS로 증빙을 가지고 있어야 한다.[12] 색소의 경우에는 허용된 색소 목록이 있어 참고를 하여 미국에서 승인된 것인지 확인하여야 한다.[13]

---

[9] https://geneticliteracyproject.org/2017/10/18/genetic-engineering-gene-silencing-fight-scourge-crop-mycotoxins-food-not-blocked-activists/

[10] https://www.fda.gov/iceci/compliancemanuals/compliancepolicyguidancemanual/ucm074427.htm
[11] https://www.fda.gov/food/ingredientspackaginglabeling/foodadditivesingredients/ucm091048.htm
[12] https://www.fda.gov/food/ingredientspackaginglabeling/gras/
[13] https://www.fda.gov/forindustry/coloradditives/coloradditiveinventories/ucm115641.htm

④ 농약(Pesticide)

미국 FDA는 농약 기준을 직접 제정하지 않고 EPA(연방 환경청)의 기준을 따른다. 농약은 미국 EPA에서 허용된 농약을 써야 한다. 수입 통관 시 FDA는 무작위로 농약 시험을 하고 있다. 수입 거부 사례 중 농약 검출로 인한 게 많다. 특히 감이나 인삼 농축액 등이 대표적인 것인데 검출 농약으로는 CARBENDAZIM(MBC), CLOTHIANIDIN, DIFENOCONAZOLE, THIAMETHOXAM, TEBUCONAZOLE, THIACLOPRID, PROCYMIDONE, BHC, SEE 903, 904, 905, 050, PENTACHLOROPHENYL METHYL SULFIDE, PENTACHLOROANILINE 등이 있다.[14]

산업용 화학물질에는 환경 호르몬으로 알려진 다이옥신과 폴리염화비페닐류(PCB)가 대표적이다. 다이옥신은 벤젠 고리에 염소를 포함하고 있는 화합물로 90% 이상이 음식 섭취로 체내에 쌓이게 된다. PCB는 축전기나 변압기의 절연체, 윤활제, 도료의 첨가제, 무카본 복사 용지, 방화 재료, 가소제 등으로 사용된다. 이외에도 염소 및 탄화수소를 포함하는 여러 화합물 제조 시 부산물로 발생하거나 음용수의 염소 소독 시 또는 유기화합물의 분해에 의해 발생하기도 한다. 몸 속에 들어가면 오줌으로 배설되지 않고 지방 조직에 축적된다. 식품 원재료로 쓰이는 육류나 농산물에 축적되어 가공식품 등에도 존재할 수 있다. 환경상으로도 분해되려면 시간이 걸리므로 식품 공급망에 오랫동안 위험 요소로 작용할 수 있다.

중금속도 식품 위해요소 중의 하나이다. FDA는 수입품에 대한 샘플링 때 중금속 검사도 무작위로 하고 있다. 주요 중금속으로는 비소, 카드뮴, 납, 수은 등이 있다. 특히 캘리포니아에는 'Proposition 65'라는 법이 있어서 암이나 생식기 질병을 유발하는 물질은 경고 문구를 넣게 되어 있다. 중금속도 포함되어 있으므로 존재 가능성이 있는 제품은 경고 문구를 넣어야 한다. 대표적인 제품이 '김'이다.

항생제는 주로 육류나 양식 생선류에 존재한다. 항생제가 인체에 유입되지 않도록 원재료 반입 때 공급 업체로부터 일정 기준 이하의 항생제가 잔존하는지 확인하여야 한다.

방사능 위해요소는 일본 후쿠시마 원전 사태 이후 FDA가 해외 수입 수산물이나 농산물에 관심을 갖고 보는 부분이다. 방사능은 물이나 토양, 공기를 통해 오염될 수 있고 수산물이나 농산물 등에 오염을 초래할 수 있다. 원재료를 가공하는 제조 업체는 공급망 관리를 통해 모니터링할 수 있다. 대표적인 방사능 위해요소로는 Strontium-96, Iodine-131, Cesium-137가 있다.

---

[14] Import Alert: https://www.accessdata.fda.gov/cms_ia/importalert_259.html

⑤ 화학적 위해요소의 통제 방법

공급망 관리(Supply-chain controls)는 공급 업체로부터 중금속, 알레르기 물질, 농약 등의 존재 여부 및 기준치 이하의 원료를 요구하고 시험 성적서를 요청할 수 있다.
위생 관리(Sanitation controls)는 알레르기의 교차오염을 방지하는 데 쓰일 수 있다. 알레르기가 들어간 제품을 생산한 뒤에는 반드시 비알레르기나 다른 알레르기 제품 생산 전에 깨끗이 세척한 뒤에 잔존 물질이 있는지 검증해야 한다. 또한 알레르기 통제(Allergy Control)를 할 수 있으며 라벨링 검사를 통해 라벨 관련 사항이 적절히 표시되어 있는지 확인해야 한다. 공정 통제(Process Control)로는 포뮬라를 만들 때 화학 첨가물이 적절한지, 금지되지 않는 첨가제인지 확인하는 방법이 될 수 있다.

6) 식품위생계획을 수립하기 위한 준비 단계

(1) 경영진의 지원

보통 식품위생계획의 실무자가 품질관리 담당 매니저나 팀장이므로 한 직원의 일로 생각하기 쉬운데 식품 위생 관리 시스템은 경영진의 노력과 지원이 없으면 달성하기 어렵다. 경영진이 식품위생계획에 대한 취지와 내용을 이해하지 못하면 식품위생계획이 하나의 문서로 끝나는 경우가 많다. 보통 미국 민간 업계에서 요구하는 GFSI 레벨은 경영진(Management)의 노력과 헌신(Commitment)에 대한 검사가 중요한 부분을 차지하고 있다. FDA의 FSMA 또한 경영진의 이해와 지원 없이는 이루어질 수 없음을 이해해야 하겠다.

(2) 팀 단위의 작업

보통 영세한 회사는 직원 한 명이 PCQI의 역할과 전체 식품위생계획의 수립과 실행을 하는데, 한 사람보다는 팀 단위로 하는 게 훨씬 효율적이고 서로 검증을 할 수 있으므로 신뢰성이 높다. 보통 한 사람이 업무의 모든 영역을 커버할 수 없으므로 역할 분담을 통해 제품별 또는 생산 라인별, 직무별로 업무를 쪼갤 수 있다.
식품안전계획에 항상 조직도를 넣고 어떤 사람이 PCQI(Preventive Control for Human Food, 예방통제 전문가)인지 기입을 하는 것이 좋다. PCQI는 반드시 한 명이 아니어도 된다. 보통 휴가나 출장 등의 사유로 PCQI가 없는 경우에 대비하여 백업으로 한 명 더 PCQI를 준비한다거나 품질 관리에서 한 명, 생산 관리에서 한 명이 관여하는 것도 좋다.

PCQI 는 교육을 통해 또는 경험을 통해서 될 수 있는데 내부에서 뽑을 수도 있고 아니면 외부 전문가(컨설턴트)를 고용할 수 있다. PCQI 는 식품안전계획의 수립과 시행·감독, 교육 훈련의 역할을 맡는다.

(3) 회사 개요
FDA 가 요구하는 필수 사항은 아니지만 보통 회사의 연혁과 어떤 제품을 생산하는지 등에 대한 개요를 정리해 넣으면 식품위생계획을 보는 외부 FDA 나 QI(수입자의 Qualified individual)가 배경 지식을 갖고 식품위생계획을 쉽게 검토할 수 있다.

(4) 조직도
전체 조직도를 그리고 식품위생팀이 누구이고 어떤 역할을 누가 하는지와 PCQI 가 누구인지 표시하면 된다. 조직도도 FDA 가 요구하는 필수 사항은 아니지만 조직도를 넣으면 외부 FDA 조사관이나 수입자의 QI 가 배경 지식을 가지고 식품위생계획을 쉽게 이해할 수 있다.

(5) 제품 설명서
FDA 가 요구하는 필수 사항은 아니지만 보통 HACCP 이 있는 경우는 제품 설명서가 필수이므로 미국용 식품안전계획에 넣는 것이 어렵지 않을 것이다. 외부 FDA 나 수입자 QI 가 제품에 대한 이해가 용이하므로 식품안전계획을 쉽게 이해할 수 있다.

들어갈 내용으로는 제품 이름(일반 명사), 주요한 물성(pH 나 수분 활성도 등), 성분, 포장 형태, 중량, 유통기간, 보관 및 유통 방법, 사용 방법(Intended use)과 소비자(Consumer)를 기재해야 한다. 특별히 사용 방법과 소비자가 중요하다. 사용 방법은 어떻게 소비자가 소비하는지 표시하는 것으로 일부는 Ready-to-eat(즉석 음용 식품)일 수도 있고 아니면 요리 후 음용일 수도 있다. Ready-to-eat 는 생물학적 위해요소를 완벽히 제거해 소비자에게 팔아야 하지만 생쌀이나 원두처럼 소비자가 조리나 끓여서 음용할 경우에는 생물학적 위해요소를 제조자가 다 관리할 필요는 없을 것이다.

(6) 위험 소비군(At-risks Populations)
일부 제품은 유아나 임산부, 노약자, 면역력이 약한 소비자가 섭취할 경우 특별한 식품 위생 관리가 필요하고 경우에 따라 특별법이 적용된다(예, Infant Formula[15])

---

[15] https://www.fda.gov/Food/GuidanceRegulation/GuidanceDocumentsRegulatoryInformation/InfantFormula/default.htm

(7) 공정도(Process Flow Chart)

HACCP에 공정도가 필수이지만 PCHF에는 필수는 아니나 위해요소의 이해와 통제를 위해서는 공정도를 식품안전계획에 넣은 것이 일반적이다. 포장지도 포함하여야 하며 재가공(Rework)이 있는 경우 이것도 포함해야 한다. 공정도의 경우에 한 사람이 작성하는 것보다는 한 사람이 작성한 뒤에 다른 사람이 검토하여 검증하는 것이 효과적이다.

(8) 공정 설명(Process Description)

공정 단계별로 공정에 대한 설명을 넣는 것이다. 잘 정리된 공정 설명은 외부 FDA 나 수입자 QI가 식품안전계획의 위해요소 분석 및 통제를 이해하는 데 도움이 된다.

7) 위해요소 분석

위해요소 분석이란 식품 안전에 중요한 위해요소와 조건들에 대한 정보를 수집하고 평가하는 과정을 말한다. 위해요소 분석이 식품안전계획의 큰 핵심 중 첫 번째이다(두 번째는 위해요소 통제임). 위해요소라 함은 질병 또는 부상을 일으킬 수 있는 잠재적인 생물학적, 화학적(방사능 포함), 또는 물리학적 요소들을 말한다. 또한 합리적이고 예측 가능하여야 한다(21 CFR 117.3).

정확한 위해요소 분석이 되지 않으면 회사는 엉뚱한 곳에 자원을 투입해 안전하지 않은 식품을 생산하므로 정부의 개입과 소비자 불만 및 회수 조치라는 불이익을 당할 수 있다.

(1) 위해요소 분석 절차(5 단계)

- 1 단계: 공정별 단계를 열거하고 어떤 성분을 쓰는지 파악한다.
- 2 단계: 알고 있거나 예측 가능한 위해요소를 단계별로 파악한다.
- 3 단계: 해당 위해요소가 예방통제(Preventive Control)가 필요한지 결정한다. 심각성과 발생 가능성에 근거를 둔다.
- 4 단계: 예방통제에 대한 결정을 정당화할 수 있는 근거를 마련한다.
- 5 단계: 위해요소에 대해 어떠한 예방통제를 할 것인지 결정한다(공정 관리, 알레르기 관리, 위생 관리, 공급망 관리).

위해요소분석 예

위해 요소	제품명: 오믈렛- 플레인, 치즈, 비스켓 치즈		페이지 X 중 Y
공장 이름	E.G. 식품 회사	발행일	월월/일일/년년
주소		대체	월월/일일/년년

(1) 재료/ 가공 단계	(2) 잠재적 식품안전 위해요소 소개, 통제 또는 이 단계에서 강화		(3) 잠재적 식품 안전 위해요소가 사전 조치가 필요한가? 예 아니오	(4) 항목 3 에 대한 정당성	(5) 위해 요소 예방 또는 최소화를 위해서 어떤 사전 조치가 적용되었는가? ccps, 알레르기, 위생, 공급망, 기타 사전조치	(6) 해당 단계에서 사전 조치가 적용되었는가? 예 아니오
제품 공정도로부터	B C P	이 단계에서 도입되거나 증가할 수 있는 잠재적 위험요소를 파악	위해요소에 사전 조치가 필요한지 결정	잠재적 위험이 확인되었을 때 항목 3 에 "예" 또는 "아니오"의 이유를 제시. 항목 2 의 없음"은 선택사항.	예방조치가 필요한(3 번 항목에 "예"선택한 경우) 위험요소에 대해서는 이 단계 또는 이후에 적용되는 예방조치(가공, 알레르기, 위생, 공급자 등)을 확인한다.	사전 조치가 이 단계 또는 이후에 적용되면 표시

*출처: FSPCA 교재

(2) 위해요소를 분석할 때 고려할 사항

- 식품의 조성을 생각한다. 원재료가 갖고 있는 특유의 생물학적, 화학적, 물리적 위해요소가 제품에 그대로 혼입되므로 원재료 하나하나를 고려해야 한다.
- 갖고 있는 장비나 시설 특유의 위해요소를 고려해야 한다. 일반적인 위해요소가 아니더라도 그 특정 시설과 장비에 오염 여지가 있다면 이를 반영하고 통제 방법으로 관리해야 한다.
- 운송 방법도 고려해야 한다. 원재료 입고 때 온도 및 운송 컨테이너나 트럭의 내부 환경, 청결도 등을 고려해야 한다. 교차오염이 생길 수 있는지, 병충해 오염이 될 수 있는지도 살펴야 한다.
- 공정 절차별로 분석해야 하고 재가공(Rework)이 있다면 이로 인해 교차오염이 생기지 않도록 주의하고 위해요소를 파악해야 한다.
- 저장과 유통도 적절한 온도, 습기 등의 변수를 고려하고 청결한 시설에서 보관해야 한다.
- 종업원 개인 위생도 위해요소에 영향을 줄 수 있으므로 이 또한 고려해야 한다.

(3) 위해요소의 심각성(Severity) 평가

심각성을 평가하는 기준에는 질병 및 부상의 정도와 지속성, 후유증 문제, 취약 계층의 유무(노약자, 어린이, 임산부) 등을 파악해 결정하여야 한다.

(4) 위해요소의 발생 가능성(Probability) 평가

과거의 질병 자료, 유사 제품군의 리콜 경력, 연구 논문, 역사적 정보, 정부 규정, 협회 기준, 대학 연구소 발표 자료에 근거해서 발생 가능성을 판단할 수 있다. 소비자 불만이나 내부적 실험 결과도 판단 근거가 될 수 있다. 또한 공장 운영 방침, 원재료, 준비 과정, 운송 조건, 저장 조건, 준비 단계 등에 따라 위해요소의 발생 가능성이 달라질 수 있다. 같은 제품을 생산하더라도 공장마다 발생 가능성은 다르므로 주의해야 한다.

8) 예방통제(Preventive Control)

예방통제(Preventive Control)라 함은 식품의 안전한 제조, 가공, 포장 또는 보관에 관한 지식이 있는 사람이 위험 분석에서 확인된 위해요소를 현저히 최소화하거나 예방할 수 있게 하는 위험 기반의 합리적 절차를 말한다(21 CFR 117.3). 예방통제 방법은 크게 4 가지(기타 포함 5 가지)로 분류된다. 공정 관리, 알레르기 관리, 위생 관리, 공급망 관리이다. 경우에 따라 기타 방법도 있을 수 있다.

위해요소별 예방통제의 예를 보면,

위해요소 분류	위해요소 처리	통제 방법	예방통제 분류
생물학적	살균	열처리	공정 관리
생물학적	생장 억제	냉장·냉동 온도 조절	공정 관리
생물학적	살균 공정이 없는 원재료의 입고 및 포장	공급처에서 살균	공급망 관리
생물학적	살균 후 재오염 방지	환경 청결 관리 환경 모니터링	위생 관리
화학적	중금속, 농약, 독소류 방지	공급처에 시험 성적서 제출 요구	공급망 관리
화학적	알레르기 원재료, 알레르기 표기된 포장지	라벨링 확인	알레르기 관리
화학적	알레르기 교차오염 방지	세척 후 잔류 물질 검사	위생 관리
물리학적	이물질 방지 (유리, 플라스틱 조각 등)	금속 검출기, 엑스레이	공정 관리

예방통제 시 고려 사항으로는,
- 예방통제가 실제로 파악된 위해요소를 통제하는지?
- 통제를 점검할 수 있는지?
- 다른 예방통제 방법에 영향을 주는지?

- 통제 방법이 적용되면 얼마만큼의 공정 변수가 존재하는지?
- 만약 그 통제 방법이 실패한다면 사후 결과가 얼마나 심각한지?
- 이 통제 방법이 위해요소를 최소화하는 것인지 아니면 제거하는 것인지?
- 이 통제 방법이 다른 통제 방법을 더욱 강화하는지?

(1) 위해요소의 집단화(Grouping)

제품 수가 많다면 일일이 개별적인 위해요소와 통제를 하지 않을 수도 있다. FDA 는 약간의 융통성을 발휘해 제조사가 식품 위생 관리를 비효율적으로 하지 않도록 돕는다. 보통 중량이 틀리거나 향료(Flavor)가 틀리지만 제조 공정이 비슷하다면 하나로 묶을 수 있다. 하지만 제품의 성상(pH 나 수분 활성도)이 다르거나 원재료에 알레르기가 있을 때는 특별히 조심해야 하고 그런 경우에는 개별적인 식품안전계획을 세우는 것이 좋다.

(2) 공정 관리(Process Control)

공정 관리는 HACCP 에서 CCP 와 같은 개념이다. 주로 살균, 금속 검출기 등의 공정에서 위해요소를 처리하는 예방통제이고 가장 전통적인 방법이다.

공정 관리의 예시

제품명	오믈렛- 플레인, 치즈, 치즈 비스켓								
공장 이름	E.G. 식품 회사							월월/일일/년년	
주소							이슈 날짜	월월/일일/년년	
공정 제어	위해 요소	한계 기준	모니터링				시정 조치	검증	기록
			무엇을	어떻게	빈도수	누가			
조리	salmonella 같은 진통성 병원균	오믈렛 표면의 온도는 70도 이상 조립식 테이블로 올라가기 전	오믈렛 표면 온도는 70도 이상	적외선 표면 온도계	각각의 조리 단계, 4회, 교대 마다, 약 2~3 시간 마다	QA 기술자 또는 지명인	마지막 정상 제품 전까지 상품을 보류하고 재평가한다. - 재작업, 폐기, 해체 원인을 판단 - 재교육하거나 적절한 조치취함	7 일 이내에 일지, 시정조치, 검증 기록 표를 점검한다. 온도계에 일별 정확한 검사 온도계의 연간 조정	조리 일지 - QA 가 임시로 시정조치 기록 검증 기록, 타당한 연구 포함된

*출처: FSPCA 교재

공정 관리의 가장 핵심 내용 중 하나가 한계설정(Critical Limit)을 정하는 일이다. 한계설정이란 생물학적, 화학적, 물리적 변수에 대한 위해요소를 예방하고 최소화하기 위해 통제해야 할 최고 또는 최솟값 또는 조합의 값을 의미한다(21 CFR 117.135(c)(1)(ii)).
한계설정으로 쓸 수 있는 근거는 FDA, USDA, 각종 정부 기관의 기준, 대학, 연구소, 논문, 협회 기준 등이 될 수 있다.

① 한계설정(Critical Limit)의 고려 사항
- 한계설정 값을 못 맞추면 위해요소가 통제되지 않아 제품의 안전성이 의심될 수 있는지의 여부
- 한계설정 값이 달성 가능한지
- 한계설정 값이 특정 위해요소에 대해 다양하게 존재하는지
- 통제 방법과 한계설정은 실용성과 경험에 의해 달라짐

② 모니터링
모니터링이란 통제가 의도된 대로 작동하고 있는지 관찰 또는 측정하는 계획된 일련의 과정을 말한다(21 CFR 117.3). 모니터링의 목적은 한계설정 값이 적정하게 설정되어 있는지, 실제 공정상 실측 값이 설정 값을 자주 넘어가는 상황이 발생하는지, 한계설정 값으로부터 통제력을 상실하거나 설정 값을 넘었는지, 한계설정 값을 기록한 서면을 유지 관리 하는지가 주요 목적이다. 모니터링의 핵심 요소는 무엇을, 어떻게, 얼마마다(주기), 누가 했느냐이다.

모니터링의 핵심 요소

모니터링 핵심 요소	예시 및 내용
무엇을	산도, pH, 수분 활성도, 농도, 형상, 온도, 시간, 부피, 중량, 압력, 라인스피드, 유량 등
어떻게	온도계, pH 미터, 차트 온도계, 인라인 분석기, 실시간 실험 분석기, 육안 검사, 연속 측정기(온도 차트, 금속 검출기, 비전 시스템 등)
얼마마다	아래 사항을 고려해서 결정: 얼마나 공정 수치가 변하는지? 수치가 얼마나 한계설정에 가까운지, 만약 한계설정을 맞추지 못하면 어떠한 위험에 처하게 하는지 예) 주기적인 온도 점검, 주기적인 금속 검출기 확인, 주기적인 수분 활성도 체크 등
누가	보통은 오퍼레이터나 QC가 하지만 중요사항은 훈련받고 지정된 사람이 해야 한다. 자기가 모니터링하는 업무에 대해 충분한 이해가 있어야 하고 정확하게 기록해야 한다. 한계설정을 넘은 때는 어떻게 시정 조치를 할지 알고 있어야 한다. 한 사람이 기록하면 다른 사람이 검증하는 시스템을 갖추어야 한다.

③ 시정 조치(Correction)와 예방 조치(Corrective Action)
예방 조치(Corretive Action)는 문제가 생기고 난 뒤에 앞으로 재발을 방지하기 위한 조치를 말하고(21 CFR 117.150(a)(1)) 시정 조치(Correction)란 문제가 생긴 뒤 그 문제에 대해서 즉각적인 조치를 하는 것을 말한다(21 CFR 117.3). 보통 공정 관리상에는 시정 조치와 예방 조치를 혼용하고 있지만 두 개는 다른 개념이다. 보통 시정 조치에 대한 언급과 예방 조치에 대한 언급을 구분한 뒤 개별적으로 언급하는 것이 좋다.

시정 및 예방 조치에 대한 절차를 서면으로 가지고 있어야 한다. 절차로는,
- 문제를 파악한다.
- 문제가 된 해당 제품을 분리한다.
- 원인을 조사한다.
- 해당 제품을 어떻게 처리할지 결정한다(폐기, 재가공, 재작업, 또는 출하).
- 재발 방지를 위해 원인에 대한 개선책을 마련한다.
- 위의 사항을 서면으로 기록한다.

예방 조치의 예로는,
- 장비 수리
- 종업원 훈련
- 작업 방식의 재평가
- 다른 방법의 공정 방법 실시

시정 조치의 예로는,
- 즉각 생산 라인 가동 중단
- 해당 제품을 분리 보관
- 해당 제품을 평가하여 출하할 것인지, 재가공할 것인지, 폐기할 것인지 조치

④ 예상하지 못한 문제가 발생한 경우
예방통제가 모든 경우의 수를 파악해 미리 원인을 제거하고 대처할 수는 없다. 시정·예방 조치에서 가정하지 못한 문제가 발생한 경우에는 식품위생계획을 재평가하여야 한다. 한계설정을 준수하더라도 검증하는 과정에서 박테리아 오염이 나올 수 있다. 그리고 서류 검토 때 중요 정보가 누락되거나 적절한 시정 조치가 되지 않은 경우에도 제품 출하 정지 등의 시정 조치와 함께 식품안전계획에 대한 재평가가 필요하다.

(3) 알레르기 통제

예방통제 중에 두 번째 방법으로 미국 FDA에서 중시하는 항목 중 하나이다. 미국의 8대 알레르기는 생선, 갑각류, 견과류, 땅콩, 밀, 계란, 우유, 콩이다. 알레르기 통제의 핵심은 크게 2가지이다.
- 교차오염 방지: 한 생산 라인 또는 장비를 공유함으로써 생기는 교차오염, 재작업 때 주변 비알레르기나 다른 알레르기를 오염시키는 경우. 이는 위생 관리로 통제가 가능하다.
- 라벨링: 라벨에 알레르기 표기가 정확하게 되어 있는지, 포장할 때 정확한 라벨을 사용했는지 확인해야 하는데 이는 공급망 관리를 통해서도 가능하다.

교차오염 방지를 위한 고려 사항으로는,
- 장비나 라인을 철저히 세척할 것
- 장비나 라인이 위생적으로 설계될 것
- 생산 계획을 잡을 때 비알레르기: 알레르기 또는 같은 종류의 알레르기로 공정을 잡을 것
- 알레르기 성분은 조성 시에 피할 것
- 재가공 때 교차오염을 방지할 것
- 개인 위생과 관련하여 교차오염이 되지 않도록 유의할 것(예, 유니폼 교체나 장갑 교체 등)
- 종업원에게 알레르기에 관한 교육 훈련을 시킬 것

① 장비 세척

다른 알레르기 제품이나 비알레르기·알레르기 제품을 한 장비나 생산 라인을 공유하여 생산한다면 깨끗한 세척이 중요하다. 청소에 대한 검증은 육안 검사, Swab test, Allergen test kit 등으로 할 수 있다. 가능하면 알레르기 제품에 한정된 도구나 장비를 가지고 있으면 좋다.

알레르기 시험 키트[16]

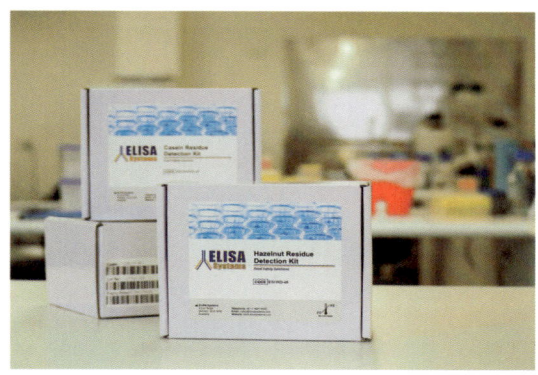

② 엔지니어링을 통한 통제

교차오염을 막기 위해서 물리적인 벽이나 커튼을 만들어 공기의 유입을 막을 수도 있고, 환기구를 설치할 수도 있다. 공장에 따라서 물이나 기름을 재활용할 수 있는데 이때 교차오염이 되지 않도록 생산 순서라든가 교체 주기를 적절하게 정해야 한다.

또한 설비와 장비의 교차오염을 방지하기 위해 위생적(Sanitary)으로 설계되어야 하고 압축공기를 사용할 때는 알레르기 물질이 공기 중에 확산되지 않도록 해야 한다. 또한 도구들을 지정 알레르기별로 관리하거나 아니면 특정 알레르기 물질의 장비를 정비한 후에는 반드시 세척하여 알레르기 잔존물이 남지 않도록 유의해야 한다.

③ 알레르기 성분의 원재료 관리

알레르기 성분의 원재료를 관리하려면 생산 시설에 쓰는 알레르기 물질 대장(Master List)을 만들어 관리한다. 공급자에게는 알레르기 물질에 대한 정보를 담은 서면 보증서를 요청할 수 있다. 이는 뒤에서 볼 공급망 관리를 통해서 통제한다. 입고 담당자가 알레르기 대장을 열람할 수 있도록 비치하고 입고 후에는 적절하게 보관될 수 있게 한다. 알레르기 물질은 보통명사를 사용하거나 병기하여 혼동되지 않도록 해야 한다. 입고 시에는 운송 중에 있을 수 있는 교차오염과 트럭 내부의 교차오염이 없는지 확인한다. 입고 후에는 아이콘이나 스티커를 이용해 식별을 용이하게 할 수도 있다.

---

[16] http://www.elisasystems.com/

알레르기 식별 스티커 예[17]

입고 시에는 원재료의 라벨을 확인하고 어떤 알레르기가 있는지 확인한다. 알레르기 보관 등의 취급은 GMP 및 선결 조건에서도 다루고 있으며 경중에 따라 알레르기 예방 관리 또는 GMP 등의 선결 조건으로 관리할 수 있다. 쉽게 식별하기 위해 팔레트에 스티커 등을 이용할 수 있다. 생선류, 견과류, 갑각류의 경우에는 특정 종에 따라 다른 알레르기이므로 교차오염이 되지 않도록 해야 하고 라벨링에도 종을 기재하여야 한다.

알레르기 제품 보관은 교차오염이 되지 않도록 특정 알레르기별로 지정 장소에 보관하는 것이 좋다. 팔레트 랙을 사용하는 경우에는 위에는 비알레르기 물질을, 아래에는 알레르기 물질을 저장하는 것이 좋다. 또한 운송 수단도 가능한 한 특정 알레르기 물질만 운송하도록 지정해 사용하는 것이 좋다. 공장 안에 원재료, 사람, 최종 제품 등의 동선을 파악해 교차오염을 최소화할 수 있도록 운영을 계획하고 시설을 설계하여야 한다. 알레르기 보관을 위해 스티커나 색깔을 지정하여 식별을 용이하게 할 수 있다. 되도록 알레르기 물질의 원래 포장 용기를 사용하고 사용하지 않는 경우에는 밀봉을 확실하게 하여 이물질이나 다른 알레르기 물질의 유입을 막고 외부로 유출되지 않게 한다. 비슷한 알레르기들은 같은 장소에 지정하여 보관한다(예를 들어 우유 파생 원료들, whey protein 및 치즈). 서면 절차로 알레르기 물질에 대한 청소 절차를 갖추어 종업원이 알레르기 물질 등이 유출된 때 어떻게 청소할지 알 수 있게 한다.

---

[17] https://www.instocklabels.com/Allergy-Warning-Labels-Rectangle-Bulk-Pack-p/ba2535re.htm?gclid=CjwKCAiAwJTjBRBhEiwA56V7q8LzXBSCGmx3rgM_gYhYiaFid6Rco0vspaEpwqy5qy-ceALUIyo83xoCGLwQAvD_BwE

④ **공정 중의 알레르기 관리**
계량할 때는 될 수 있으면 지정된 장소에서 지정된 도구를 사용한다. 만약 상황이 여의치 않을 때는 깨끗이 청소 후 사용한다. 알레르기 물질을 담고 있는 원재료는 계량 후에 뚜껑을 씌워서 외부 유출을 막고, 알레르기 파우더를 믹싱 호퍼에 넣을 때는 환기구가 충분히 분진을 흡입하게 해야 한다. 되도록이면 지정된 도구와 장비를 사용한다. 이전에 알레르기 물질을 담았던 용기를 재사용할 때는 교차오염이 발생하지 않게 깨끗이 세척한다. 생산 라인에 교차오염이 생기지 않도록 세척해야 하는데 이는 나중에 볼 위생 관리 방법으로 관리한다.

⑤ **재작업과 홀드(Hold) 중인 알레르기 제품**
제품에 하자가 생겨서 출하 정지 상태이거나 재작업을 기다리는 제품은 반드시 특정 장소에 보관해 교차오염이 발생하지 않게 한다.

⑥ **종업원 교육**
한국의 알레르기와 미국의 알레르기 종류가 다르므로 종업원을 교육하여 교차오염이 되지 않도록 한다. 알레르기 원재료와 접촉한 종업원은 작업복을 갈아입은 후 비알레르기 제품에 접근하도록 하고 장갑 등을 바꾸어 교차오염이 발생하지 않게 한다.

⑦ **알레르기 라벨**
알레르기 라벨상의 표기 오류로 인한 리콜이 전체의 3분의 1을 차지하는 만큼 라벨 기재가 중요하다. 알레르기가 정확히 표기되어 있어야 한다(Food Allergen Labeling and Consumer Protection Act). 알레르기가 있는 소비자는 라벨을 보고 구매를 결정하므로 정확한 라벨링은 불가결한 요소이다. 한국에서는 음식 알레르기 환자가 미국에 비해 적기 때문에 한국 수출 제조자가 간과하기 쉬운 부분이므로 주의를 요한다.
알레르기는 보통명사로 표기되어야 한다. 생산 시에 제품 포장재가 바로 쓰이는지도 확인해야 한다. 원재료 입고 때 원재료에 알레르기가 표기되어 있는지 확인해야 한다. 생산 현장에서는 여러 종류의 라벨을 쓰므로 생산자들이 포장 재료를 잘못 쓰는 실수를 하지 않도록 해야 한다. 특히 라벨이 붙어 있지 않은 최종 제품에 라벨을 부착하는 경우, 잘못된 라벨이 사용되지 않도록 주의하여야 한다.
포장재를 새 것으로 교체할 때마다 확인하여야 하며 큰 공장은 바코드 스캐너을 이용해 라벨 사용을 추적하고 확인하는 시스템을 갖추고 있다. 라벨 제작 시에도 한 사람이 디자인하면 다른 전문가가 검토하는 것이 좋다. 자체적으로 역량이 안 따르는 소규모 회사는 외부 컨설팅 기관에 맡기는 것도 현명한 방법이다.

알레르기 교차오염 경고 문구 라벨 예시[18]

*'May contain' – 있을 수도 있다는 알레르기 경고 문구

'알레르기를 포함할 수 있다(May contain).'는 문구는 소비자에게 알레르기 교차오염으로 인한 가능성을 알려 주는 것이지만 그렇다고 공장의 GMP 규정상의 적절한 세척 의무가 면제되지 않는다. 이 문구를 쓰더라도 알레르기 신고(Declaration)에 표기되지 않은 알레르기가 검출되어도 회수 조치나 소비자 책임을 물을 수 있다.

(4) 위생예방통제(Sanitation Control)

Ready-to-eat(RTE·즉석섭취식품) 제품은 살균 등의 처리 과정을 거쳐 포장하기 전까지 병원균의 오염에 노출될 수 있고(예: 살모넬라와 리스테리아균) 또한 비위생적 환경이나 종업원 위생, 원재료, 알레르기에 의해 교차오염이 발생할 수도 있다. 이럴 때는 다른 통제 방법이 없고 환경을 청결하게 해 외부 미생물의 오염을 막는 수밖에 없다. 미국은 샐러드 같은 제품을 많이 섭취하는데, 종종 RTE 샐러드로 인한 식중독 발병 사례가 있기 때문에 위생 통제도 중요한 예방통제 방법 중의 하나이다.

① 세척(Cleaning)과 소독(Sanitizing)

미국 영어 Cleaning 과 Sanitizing 은 의미 분별이 명확하나 이를 한국어로 번역하여 정확하게 뜻을 전달하기가 어렵다.

- 세척(Cleaning)이란 흙이나 이물질을 물과 세제를 이용하여 물리적으로 제거하는 과정을 말한다.
- 소독(Sanitizing)이란 세척된 표면의 미생물을 제거 또는 저감하는 과정을 말한다.

*출처: Produce Safety Rule Training Textbook

---

[18] https://cen.acs.org/articles/90/i43/Detecting-Food-Allergens.html

② GMP 에서 다루는 위생 관리 방법

GMP 에서도 이미 위생 관리에 대한 규정이 있다. 보통 위생예방통제와 GMP 의 위생 관리를 혼동하는 경우가 있다. GMP 의 위생 관리로는 종업원 개인 위생, 공장 건설과 디자인, 포장재의 보관과 취급 방법, 일반적 클리닝과 세척, 원재료와 최종 제품의 분리, 알레르기 관리 등의 일반 규정이 있는데 이 내용은 이미 FSMA 전에 다루었다. 그러나 위생예방통제로 지정되는 특정 구역이나 공정 단계에서는 특별한 세척에 대한 기록과 검증 등의 절차가 복잡해진다. 보통 GMP 의 클리닝 프로그램을 복사해서 그대로 위생예방통제에 붙이는 경우가 있는데 주의를 요한다.

식품 접촉 표면에 대한 청결도와 알레르기 교차오염의 방지, 비위생적 물질이나 개인으로부터의 오염, 원재료로부터의 오염 등을 막기 위한 절차를 마련해야 한다. 청소할 때는 습식 클리닝(물을 이용한 세척)을 할 것인지, 건식 클리닝(물을 이용하지 않는 청소)을 할 것인지 결정해야 한다. 물을 쓰지 않으면 잔존 분진이 남을 수 있고 압축 공기를 이용하면 다시 분진이 떨어져 재오염될 가능성이 있으므로 주의를 요한다. 또한 작업복, 헤어넷, 장갑, 작업화 착용, 손 씻기, 작업에서 환자 배제 등의 개인 위생에도 유념해야 한다.

③ 청결 지역(Hygienic zoning)

공장 내 지역을 구분하여 어떠한 지역을 중점으로 위생 관리를 할지 정하는 것이 중요하다. 보통 공장의 지역 구분은 다음과 같다.

구분	지역
비생산 지역	사무실, 종업원 휴식 공간, 공무 작업실, 쓰레기 처리장 등
이동 지역	이동 통로
GMP 지역	창고, 입고 장소,
청결 지역(병원성 미생물 통제 지역-위생 관리 구역)	생산 지역(계량, 배합, 살균, 충전, 포장 등)
고청결 지역	유아용, 임산부, 노약자 제조 생산 지역

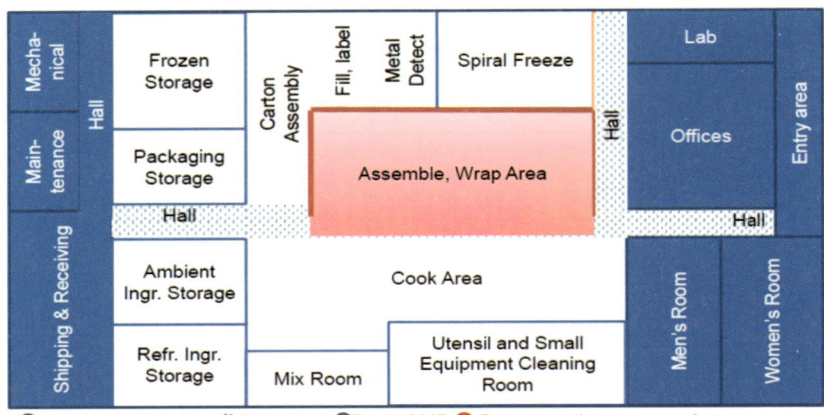

청결 지역 설정 시 고려 사항으로는,
- 이미 구획된 구역이 기능별로 설계되어 있는지
- 사람·원재료·최종 제품의 동선이 어떻게 되는지
- 공기 유출입이 어떻게 되는지
- 주변 지역과 지원할 지역이 있는지 등

④ 서면 절차 및 기록의 유지

위생 관리가 필요한 대상은 식품 접촉 표면의 청결도, 알레르기의 교차오염, 비위생적 물질·종업원으로부터의 오염, 원재료로부터의 교차오염 등이다. 이런 대상들을 관리할 절차에 대해 서류를 보관하고 종업원을 교육시켜야 한다.

청소 및 소독(Sanitize)의 절차는 목적, 주기, 담당자, 방법, 점검, 시정 조치, 검증, 서면 기록, 기타 필요한 정보(화학세척제 등)를 포함해야 한다.

⑤ 모니터링의 중요성

모니터링이란 통제 방법이 의도대로 적절하게 작동되는지 관찰하거나 측정하는 것을 말한다 (21 CFR 117.3). 위생예방통제에서의 모니터링은 위생 관리 절차가 적절하게 유지 관리되는 것을 관찰하는 것이다. 종업원은 절차를 따라 정해진 방법으로 세척해야 하고, 감독자는 그것을 확인(모니터링)하여야 한다. 청결 지역(Hygienic Zone)이 의도된 대로 청결하게 유지 관리되는지 점검해야 한다.

⑥ 청소 및 세척이 제대로 되지 않은 경우의 시정 조치
모니터링 과정을 통해서 청소·세척의 결과를 확인한 뒤 원하는 청결 상태가 달성되지 않은 경우에는 다시 세척하거나, 종업원을 재교육하는 방법 등의 시정 조치를 취한다.

⑦ 위생 검증
모니터링은 의도한 대로 예방통제가 작동하는지 보는 것이고 검증이란 계획된 통제가 실제적으로 위해요소를 통제하는지 확인하는 작업이다. 검증에는 여러 방법이 있다(화학 약품 농도 측정, 육안 확인, 서면 기록 확인, ATP swab test, Allergen test kit, 미생물 시험, 환경 점검 시험 등). 특히 RTE 제품을 만드는 경우에는 환경 모니터링을 하는 것이 좋다(예, 리스테리아 또는 살모넬라 균).

(5) 공급망 예방통제(Supply-chian control program)
4가지 주요 예방통제 중 마지막 방법이다. 공정 관리나 위생 관리 등에서 통제가 안 되는 경우에 하는 방법이다. 만약 제조자가 미생물을 죽이는 살균 과정이 있다면 필수는 아니지만 중복으로 해도 상관은 없다. 예방통제를 이중 삼중으로 하는 것도 좋지만 서면 기록이 필수이다. 하지만 원재료라도 미생물 등이 되도록 일정 상태 이하로 있는 것이 살균에도 효율적이다.

공급망 사슬: 원료 공급자 - 제조자 - 2차 가공자 - 소비자

원료 공급자 → 제조자 → 2차 가공자 → 소비자

① 공급망 예방통제가 필요하지 않은 경우
위해요소가 통제를 요구하지 않거나, 자기가 직접 위해요소를 통제하는 경우(예, 미생물에 대해 살균하는 것), 아니면 원료 공급자 또는 2차 가공자가 위해요소를 통제한다는 서면 보증서(Written Assurance)가 있으면 면제 대상이다.

② 공급망 통제의 절차

공급망 통제는 다음과 같다.

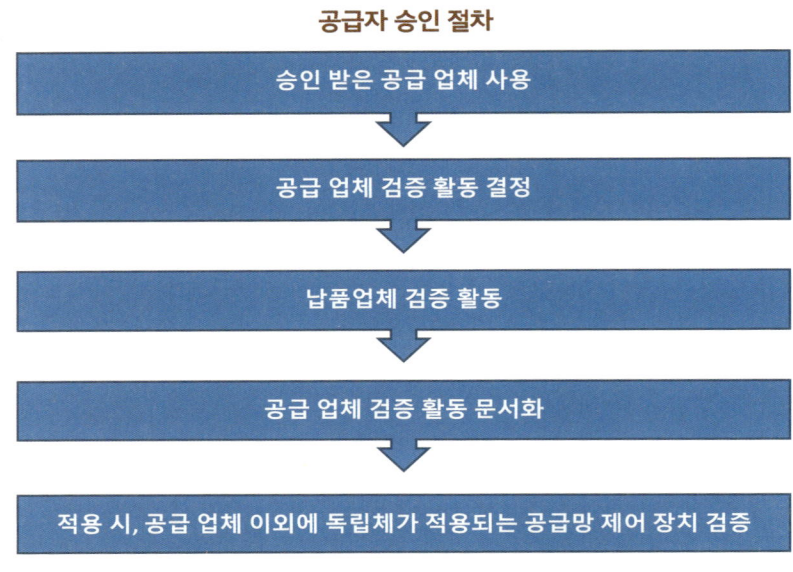

*출처: FSPCA

- 1 단계: 승인된 공급자 이용하기

먼저 공급자가 안전한 식품을 만드는지 평가하고 승인을 해야 한다. 원료 공급자도 자신의 제품에 대해 위해요소 분석과 통제를 하여야 한다. 이러한 능력을 갖춘 시스템이 있는지 평가한다. 위해요소가 적절하게 통제되면 승인을 하고 승인된 공급자를 이용하도록 한다. 원료 공급 이전에 평가 작업이 이루어져야 한다. 때에 따라선 원료 수급이 원활하지 않을 수도 있는데 이러한 경우에는 응급 조치로 임시 공급자를 통해 원료를 조달할 수 있지만 이 또한 합당한 근거가 있어야 하고 공급자에 대한 평가도 이루어져야 한다.

승인된 후에는 물건을 공급받을 때 서면으로 입고 절차를 마련하여 위해요소가 합의된 대로 통제되고 있는지 점검해야 한다. 입고 기록은 보관해야 한다.

- 2 단계: 검증 활동에 대한 결정

검증 활동의 종류로는 크게 방문 실사(Onsite Audit), 샘플링 및 시험, 서면 확인, 기타 방법이 있다. 적어도 한 가지 이상의 방법을 사용해야 한다. 검증의 시기는 수입 전 및 수입 후에 주기적으로 한다.

어떤 검증 활동을 할지에 대한 고려 사항은 위해요소 분석에서 어떻게 위해요소의 본질에 대해서 말하고 있는지, 위해요소 통제가 공급자 또는 공급자의 상위 공급자에 의해 이루어지고 있는지(한국은 2차, 3차, 4차 원료를 쓰는 경우가 많으므로), 공급자의 원료 입고 절차가 어떻게 되는지, 공급자에 대해 과거 FDA의 경고 통지 등의 이력이 있는지, 최근 인증 심사 결과 점수가 올라가는지 내려가는지, 공급자의 운송 및 보관 절차가 어떻게 되는지 등을 고려하여 결정한다.

③ 방문 실사
방문 실사는 2가지 경우로 나뉜다. 하나는 중대한 위해요소(Serious hazards)가 있을 경우에는 의무적으로 방문 실사를 한다. 최소 1년에 한 번은 실사를 하여야 한다. 아니면 자발적으로 선택하여 할 수가 있다. 방문 실사 외에 제3자 인증 기관을 통하거나 정부 기관의 점검 결과도 이용할 수 있다.
방문 실사를 하는 경우에는 적격 심사자(Qualified auditor)가 하여야 한다. 적격 심사자라 함은 교육, 훈련, 경험 등을 갖춘 인증에 대한 기술적 전문가로서(CFR 117.180(c)(2)), 예를 들어 정부 기관 심사관(외국 기관 포함) 또는 제3자 인증 기관 등의 심사관이 예가 된다.

④ 샘플링과 시험
제품에 대해 샘플링과 시험을 할 수도 있다. 공급자, 외부 실험 기관, 자체 실험실 등에서 할 수가 있다. 보통은 시험 결과를 시험 성적서(COA: Certificate of Analysis)를 통해 발급받을 수 있다. 한국은 미국처럼 COA를 발행하는 업체가 많지 않다. 앞으로 공급망 관리를 통한 시험 성적서 발행을 권장하는 것이 좋다.
결과 보고서에는 시험 방법을 기재하여야 한다. 미국과 시험 방법이 다를 수 있기 때문이다. 시험은 보통 위해요소 분석과 통제 계획에 있는 것들이 적절하게 통제되는지 확인하는 것이므로 제품 규격서나 예방통제 방법(공정 관리, 알레르기 관리, 위생 관리, 공급망 관리)의 위해요소를 시험하면 된다.
공급자가 매번 시험 성적서를 발행할 수 없는 경우에는 서면 보증서(Certificate of Conformance 또는 Letter of Guarantee) 발행을 요청할 수 있다.

⑤ 서면 리뷰의 검증 방법
또 다른 검증 방법으로는 공급자의 서면을 리뷰할 수 있다. 이슈가 되거나 주요한 위해요소를 통제하는 예방통제의 관련 서류를 요청할 수 있다. 제3자 인증이 있으면 심사 결과 보고서를 요청할 수도 있다.

⑥ 검증 시 부적격 사항이 발견된 경우의 조치

일단의 이슈에 대해 정확한 조사를 해야 한다. 문제의 원인을 파악하고 재발 방지를 위해 어떻게 개선할 것인지 시정 조치(Corrective Action)를 해야 한다. 문제가 된 제품은 보류할 것인지, 출하할 것인지, 재가공할 것인지 결정해야 한다. 이러한 시정 조치들은 서면으로 기록해야 한다.

또한 내부기준을 벗어난 부적격 사항들이 심각한 경우에는 공급망 관리 프로그램도 재검토하여야 한다. 계약된 제품 규격서(Specification Sheet)와 비교하여 부적격 사유를 파악하고 공급자의 계약 제품 규격이 자기의 식품 위생 요건에 맞는지 확인해야 한다. 부적격 사유가 생긴 후에 공급자 시정 조치를 하고 개선을 했는지 파악해야 한다. 부적격 사항을 통해서 공급자나 자사가 충분히 재발 방지를 위한 개선을 했는지도 살펴야 한다. 언제든지 식품 안전을 위해 공급망 관리를 개정할 수 있다.

⑦ 공급자 변경 시 통보 사항

공급자는 원료 공급에 변화가 있으면 고객사에게 통보한다. 제품 공정상의 변화, 원재료 성분의 변경, 특히 알레르기 물질의 첨가 또는 삭제 등에 대해 통보를 해야 한다. 통보를 받은 경우 식품 안전에 어떻게 영향을 주는지 판단을 한다. 때에 따라서는 식품안전계획을 재분석해야 한다.

공급망 관리에 필요한 기록으로는,
- 공급망 관리 프로그램(절차)
- 수입자의 경우 FSVP 서류
- 공급자 승인서(또는 승인된 공급자 리스트)
- 입고 절차 및 기록
- 기타 공급자 관리 검증 기록
- 방문 실사의 경우: 공급자 이름과 주소, 실사 절차, 실사일, 실사 결론, 문제 발견 시 시정 조치, 누가 방문 실사를 했는지(적격성 관련 서류 필요)
- 샘플링·시험의 경우: 샘플 이름, 로트 번호, 샘플링한 숫자, 시험 방법, 날짜, 결과, 만약 기준치 초과 시 시정 조치, 어떤 실험실에서 했는지
- 기타 서류: 기타 공급자의 식품 안전 관련 서류, 정보 실사 보고서, 공급자의 부적격 사항 등

9) 검증(Verification)과 유효성 평가(Validation)

(1) 검증이란?
통제 조치 또는 통제 조치의 조합이 의도대로 운영되고 있는지의 여부를 결정하고 식품 안전 계획의 유효성을 확립하기 위해 점검 외에도 방법, 절차, 시험 및 기타 평가를 적용하는 것을 말한다(21 CFR 117.3).

(2) 유효성 평가란?
통제 조치, 통제 조치의 조합 또는 식품안전계획 전체가 적절하게 실행될 때 확인된 위해요소를 효과적으로 통제할 수 있는지에 대해 과학적 및 기술적 증거를 갖고 평가하는 것을 말한다(21 CFR 117.3).

검증의 예

예방 관리	검증 예
공정 관리	유효성 평가(Validation), 검교정(calibration), 샘플링 및 시험
알레르기 관리	라벨 검토, 청소 후 육안 검사
위생 관리	육안 검사, 환경 점검
공급망 관리	2자, 3자 심사, 샘플링 및 시험
시스템 검증	식품위생계획의 재평가, 제3자 실사, 내부 실사 등

■ **유효성 평가(Validation)**

유효성 평가는 식품안전계획의 공정 예방 관리에 대한 과학적인 근거를 세우는 작업이다. 과학적인 원칙과 자료를 이용하거나, 전문가의 의견을 이용하거나, 자체적으로 관찰한 결과 또는 자체 검사, 공정 시 한계설정 값에 대한 입증(Challenge) 시험 등이 있다. 유효성 평가는 PCQI에 의해 평가되고 감독되어야 한다.

유효성을 평가하는 시기는 생산을 시작하기 전 또는 생산 이후 90일 이내여야 한다. 또는 PCQI의 정당한 근거가 있을 때는 합리적인 시간 안에, 또는 공정상 변화가 있거나 식품안전계획에 대한 재평가가 필요할 때 유효성 평가가 필요하다.

유효성 평가는 알레르기 예방 관리, 위생 예방 관리, 공급망 예방 관리, 회수 계획에는 필요가 없다. 단, 위생 예방 관리는 필수 사항은 아니나 실시하면 유익하다(예, 얼마마다 세척 및 소독을 해야 하는지).

(3) 검증 절차
검증 작업은 식품안전계획이 의도된 대로 일관적으로 작동되는지 보여 주는 것이다. 검교정(Calibration)을 한다거나, 제품 시험·환경 모니터링을 한다거나, 서면 기록(모니터링, 시정 조치 등)의 검토 등을 통해 할 수 있다.

(4) 검교정(Calibration)
검교정은 특히 공정 관리에서 중요한 검증 방법 중의 하나이다. 수집된 모니터링 자료가 진짜인지 계측 장비로 확인하는 것이다. 정식 검교정 외에 일일 점검(Daily Check)도 할 수 있다. 일일 점검은 간단하게 기기가 작동하는지 약식으로 알아보는 것으로 저울의 기준추를 이용해 작동 여부를 점검하는 것인데 검교정과 병행하여 검교정 주기 중간마다 할 수 있다.
검교정의 주기는 FDA가 구체적으로 정하고 있지는 않다. 단 측정 기기의 신뢰성이나 민감도, 사용 환경이나 조건, 과거 작동 오류 기록 등을 근거로 정할 수 있다. 부적격 제품이 자주 나오는 상황이면 자주 검증할수록 좋고 결과가 안정적으로 가면 검증 주기를 연장할 수 있다. 각자 공장의 여건에 맞게 정하면 된다. 주기를 결정한 것에 대한 정당화할 수 있는 근거를 가지고 있으면 좋다.
검증 기록으로는 검증 절차, PCQI에 의해 감독이 되었고 누가 PCQI 인지, 검교정한 기기들의 인식 번호 등이 있어야 한다. 제품 시험을 한 경우에는 시험한 항목(미생물 종류 등), 로트 번호 등의 정보, 샘플 숫자, 시험 주기, 결과에 대한 단위(예, CFU/g), 실험실 정보, 기준을 충족하지 못한 경우에 대한 시정 조치 등의 정보들을 포함해야 한다. 환경 모니터링을 한 경우에도 제품 시험과 유사하나 위의 정보는 물론이고 샘플링한 장소와 미생물 종류, 주기 등을 반드시 포함해야 한다.
모든 모니터링 기록과 시정 조치의 검토는 7 영업일 안에 검토해야 한다(되도록 제품 출하 전). 검증 기록은 합리적인 시간 안에 검토되어야 한다. 리뷰는 PCQI에 의해 이루어져야 한다. 서면 기록을 검토하다가 문제점이 발견되면 시정 조치를 취해야 한다.

(5) 식품안전계획의 재평가

주기적인 식품안전계획의 재평가가 필요하다. 전체적인 식품안전계획이 위해요소들을 적절하게 통제하고 있는지 다시 평가해야 한다. 특별한 경우가 아니면 3년마다 검토하면 된다. 그러나 공정상이나 포뮬라상(원재료의 변경 등)에 변화가 생기거나, 새로운 위해요소가 파악되거나, 예상하지 못한 문제가 계속 야기되는 경우 식품 예방통제가 적절하지 않을 때에는 재평가를 하여야 한다.

10) 서면 기록

필수 사항과 선택 사항으로 나뉜다. 선택 사항이지만 선택 사항도 서면으로 가지고 있는 것이 제 3 자 인증 시 또는 FDA 실사 때 심사관에게 많은 도움이 된다.

구분	필수 사항	선택 사항
식품안전계획	위해요소 분석 예방통제(공정 관리, 알레르기 관리, 위생 관리, 공급망 관리) 회수 계획 모니터링 절차 검증 절차 시정 조치 절차 식품 안전 재평가 기록	회사 개요 조직도(식품 안전팀 구성) 제품 개요 공정도 공정 개요 설명
실행 서면 기록	모니터링 기록(공정, 알레르기, 위생) 시정 조치 기록 검증 기록 유효성 평가 기록 공급망 관리 기록 관련 종업원 교육 기록	기타 GMP 서류

(1) 서면 기록의 요건

서면은 정확하고 읽기 쉬워야 한다. 자세한 정보와 실시간 기록을 작성해야 한다. 특히 한국어로 하느냐 영어로 작성하느냐가 문제이나 꼭 영어로 쓸 필요는 없다(해외 공급자 프로그램에서 Qualified Individual 이 해당 외국어를 이해하면 외국어로 서류를 보관할 수 있다). FDA 에서 요청할 때 번역해 주면 된다.

서면에는 서면 기록의 제목, 공장 이름과 위치, 날짜와 그 활동을 한 시간, 제품명, 오퍼레이터의 서명과 리뷰한 사람(주로 PCQI)의 서명이 필요하다.

서면은 원본, 사본 또는 컴퓨터 파일도 인정해 준다. 어떠한 경우에도 서류에는 서명이 들어 있어야 한다. 컴퓨터 파일일 때는 인가된 사람만 접근할 수 있도록 서류 보안이 되어야 한다. 식품안전계획은 반드시 날짜와 서명이 있어야 한다. 경영진의 식품안전계획에 대한 인지와 헌신이 요구되므로 식품안전계획에 변화가 있을 때마다 경영진의 사인이 있어야 한다.

(2) 실행 기록

실행 기록으로는 예방관리별 기록(공정 관리, 알레르기 관리, 공급망 관리, 위생 관리), 시정 조치 기록, 모니터링 기록, 검증 기록 등, 유효성 평가, 제품 시험 결과, 검교정, 환경 모니터링, 서면 리뷰, 식품안전계획의 재평가, 종업원 교육(PCHF 관련) 등이 있다.

모니터링 기록에는 종업원의 이니셜이나 사인이 필요하다. 레코딩 차트(온도, 시간 등)도 검토한 사람의 사인이 있어야 한다. 시정 조치에는 문제를 일으킨 원인과 어떻게 재발 방지를 할 것인지에 대한 알맹이가 있어야 한다. 그리고 문제로 인해 영향을 받은 제품 정보(제품명, 로트 번호 등), 문제의 설명, 해당 제품의 처리 문제, 제품 시험에 대한 평가, 시정 조치에 대한 검증 등이 필요하다.

재평가 기록의 예

식품 안전 계획 재분석 체크 항목				
재분석 원인:				
작업	날짜 최초, 리뷰된	업데이트가 필요한가? (예/아니오)	작업 완료 날짜	작업 완료한 사람의 이니셜 또는 서명
식품안전팀의 각각의 책임업무 리스트				
제품 작업 흐름도				
위해 요소 분석				
사전 예방 관리 통제				
식품 알레르기 예방 통제				
위생 예방 통제				
공급자 체인 프로그램				
리콜 계획				
계정된 식품 안전 계획 업데이트				
소유자 또는 담당자가 서명한 최신 식품 안전 계획				
검토자 서명:			검토 날짜:	
발행 날짜: 일일/월월/년년		대채: 일일/월월/년년		

*출처: FSPCA 교재

(3) 서면 기록 보관 및 보관 기간

문서는 최소 2년간 보관한다. 식품안전계획서, 검교정, 유효성 평가 등의 서류는 해당 공장에 보관하고 기타 서류가 공장에 없을 때는 24시간 안에 제출해야 한다(사본 가능). 합당한 이유가 있으면 FDA에 미리 요청하여 서류 제출에 대해 기간 연장을 요청할 수 있으나 연장 여부는 FDA의 권한이다.

11) 회수계획(Recall Plan)

FSMA에서는 위해요소가 있는 경우에는 회수 계획을 필수화하고 있다.
회수의 종류는 FDA 규정에 의해 크게 세 가지로 다룰 수 있다.

- Class Ⅰ: 죽음을 일으키거나 심각한 질병 및 부상을 일으키는 경우
- Class Ⅱ: 심각하지 않으나 일시적, 의학적으로 상당한 질병 및 부상을 일으킬 가능성이 있는 경우
- Class Ⅲ: 인체에 영향을 미치지 않는 경우

위의 분류에 대한 구체적인 예시가 있지는 않다. 보통 알레르기 클레임으로 인한 표기 사항의 부정확은 Class Ⅰ로 분류되곤 한다. 위의 리콜은 업체에 의해 자발적으로 이뤄지거나 FDA나 관할 당국의 명령으로 시행될 수 있다.

(1) 회수 계획의 주요 내용
- 회수팀의 책임과 역할
- 연락할 외부기관 및 고객
- 제품의 로트 이력추적 및 검증 정보
- 유효성(effectiveness check) 평가
- 회수 제품에 대한 조치

회수팀의 구성에는 품질관리팀, 영업팀, 회계팀, 창고팀, 법률팀, 구매팀 등 여러 부서가 관여할 수 있다. 연락할 외부 기관으로는 정부 당국과 고객이 있으나 보통은 미국에 수출하므

로 미국 수입사를 통해 FDA에 통보할 수 있다. 미국에 수출하는 고객의 명단과 연락처를 미리 확보해 회수 계획에 넣는 것이 좋다.

제품을 추적하기 위해서는 로트 번호의 관리가 중요하다. 얼마나 생산해서 얼마나 어떤 고객에게 나갔는지 이력추적 가능성(Traceability)을 확보하는 것이 중요하다. 회수가 실제로 이루어지면 얼마나 회수됐는지 유효성 평가를 해야 한다. 100% 회수되지 않는다면 원인을 분석하여 개선 계획을 짜야 한다. 그리고 제품이 회수되었을 때 어떻게 할 것인지에 대해 계획도 가지고 있어야 한다.

회수 절차는 다음과 같다.

No.	단계	내용
1	리콜팀 집합	회수팀에 소속된 각 담당자 모으기
2	리콜 등급 분류	Class I, II, III인지 분류하기
3	FDA 통보 및 고객사 통보	직접 FDA에 통보하거나 미국 수입사를 통해 FDA에 통보할 수 있다.
4	제품 추적 및 자료 수집	회수될 제품의 로트를 파악하고 총생산량, 남은 재고, 거래처별 판매량 등을 파악한다.
5	서류 수집	관련된 서류를 모은다.
6	남은 재고의 확보 및 보류	창고에 남은 재고가 출하되지 않도록 분리 보관한다.
7	제품 회수 시 자사 창고 반입 또는 수입사 반입 또는 고객사 판매 금지 및 보류	자사 창고로 재반입하여 보관하거나 거래처에서 회수한 뒤에 추후 제품 처리 결정을 한다.
8	제품의 처리	FDA와의 협의하에 제품을 어떻게 처리할 것인지 결정한다. 제품의 폐기, 반송, 리라벨링 등의 조치를 할 수 있다.
9	유효성 평가 및 개선 계획 수립	회수가 100% 이루어지지 않으면 이에 대한 원인을 파악하고 향후 회수 조치에 대한 개선책을 마련한다.
10	서면 기록 관리	위의 모든 것을 서면으로 기록 관리한다.

(2) 모의 회수

FDA 규정에서 모의 회수를 얼마마다 하여야 하는지 따로 규정된 것은 없다. 모의 회수는 진짜 회수에 대비해 업체들이 미리 준비해 연습하는 것이 좋은데 대부분 제3자 인증에서 필수적으로 요구되는 사항 중 하나이다. 시작부터 마칠 때까지의 시간과 회수율을 기록하고 어떤 문제점이 파악됐는지, 이의 개선책은 무엇인지 기록을 남기는 것이 좋다.

■ **FSMA 7 카테고리 중 제3자 인증**

• Accreditation body의 활동: TCB(Third-party certification body)를 평가하고 인증하는 게 주요 업무이다. 또한 TCB를 주기적으로 점검하여 적절하게 임무 수행을 하는지 관찰해

야 하며 기준치에 못 미치면 FDA 에 통보를 해야 한다. 그리고 자기 자신의 활동에 대해서도 평가 및 시정을 하여야 한다. 이 프로그램과 관련된 기록을 유지하고 FDA 가 요청하면 서류를 제출해야 한다. 현재는 ANAB 이 유일한 인정 기관이며 저자가 한인으로 처음이자 유일하게 FSMA TEchnical EXpert 로 활동하고 있다.

• TCB(Third-party certification body)의 활동: TCB 는 공공 위생 안전을 해칠 우려가 있는 식품을 생산하는 공장이나 자발적 적격 수입자 프로그램(Voluntary Qualified Importer Program·VQIP)에 해당하는 경우 공장 시설을 검사할 수가 있다. 알코올 음료나 육류 공장 시설은 해당되지 않는다. 현재 미국에 본사를 둔 Perry pohnson 이 세계 유일한 인증 기관이며 현재 J&B 컨설팅과 한국에서 서비스를 제공하고 있다.

12) FMSM Audit 과 인증

FSMA PC Rule 을 위한 Audit 으로는 i) Consultative audit 과 ii) Regulatory audit 이 있다. 이 규정은 FSMA 의 Third-party certification 규정에 의해 설명되고 있다. 아직 Regulatory audit(심각한 질병을 유발하거나 유발할 염려가 있는 경우에)는 FDA 의 제 3 자 인증기관 지정을 하는 프로세스의 지연으로 아직 실시되고 있지 있지만 조만간 이루어질 예정이다.

업체는 두 가지 방법으로 증명할 수 있는데 바로 PC Rule for Human Foods 를 포함한 Food Safety Plan 을 가지고 있거나, 아니면 PC Rule Plan 을 셋업한 후에 Consultative audit 을 거쳐 audit 완료 보고서를 가지고 있을 수 있다.

BRC 에서 시행하는 FSMA PC Rule Addendum 의 예[19]

또한 VQIP(수입자 적격 제도. 이후 FSVP 부분에서 다룸)에서도 FSMA 인증을 제 3 자 기관을 통해 받을 수 있다.

19

https://www.google.com/search?q=brc+fsma+module&source=lnms&tbm=isch&sa=X&ved=0ahUKEwibyJiK67vgAhVqJzQIHW0fDKAQ_AUIDygC&biw=1280&bih=610#imgrc=kAFUdUxl2ftQ6M

쉬어 가는 페이지

"한국과 미국의 식품 안전 인증 차이"

한국 식품 업계에도 HACCP이 많이 보편화되어 있고 일부 업체는 국제 기준의 식품 안전 기준(ISO22000, FSSC22000 등)을 획득했다. 한국 업체의 식품 안전 기준서와 양식을 보면 참 잘 만들었다는 생각이 든다. 정부 기관의 많은 지원으로 식품 안전 기준서가 일반적으로 공용될 수 있도록 많이 개발되었고, 컨설팅 업체들도 기준서와 양식을 개발하여 식품 업체들이 쓸 수 있도록 한 것이 HACCP 등의 보편화를 위한 밑거름이 된 것 같다.

그런데 미국과 한국의 식품 안전 인증에 대한 접근에는 많은 차이가 있는 것 같다. 한국에 있는 업체들을 컨설팅해 보면 HACCP이나 식품 위생 인증을 위한 준비에서 주로 시설 투자에 초점을 두고 있다. 한국의 웬만한 중소 규모 식품 공장을 방문하면 에어샤워기부터 장화 착용 및 장화 UV 소독기 등 기본 GMP를 위한 시설이 참 잘 되어 있다. 어떤 경우에는 과하다 싶을 정도로 GMP 시설을 갖추고 있다. 한국에서는 그런 시설들을 HACCP 시설이라 부르고 HACCP을 위한 필수 시설로 인식하고 있다.

그런 시설이 경우에 따라 필요하지만 HACCP을 위한 필수 사항은 아니다. 미국에서는 위해요소(또는 리스크)의 분석을 통해 얼마나 효과적으로 효율적으로 관리하느냐가 목적이므로 위해요소 관리 측면에서 주요한 리스크 발생 지점을 잘 파악해서 관리하고 서면 기록화한다. 한국은 소프트웨어보다는 하드웨어 쪽으로 접근하다 보니 HACCP이나 기타 식품 인증을 시설 투자로 인식하여 비용 부담이 되어 못하겠다는 부정적인 인식이 많이 퍼진 것 같다.

미국 공장 시설을 보면 오래된 건물도 많고 외관상으로는 한국보다 열악한 곳이 많다. 차이점은 위해요소의 정확한 인지와 그것을 관리하기 위한 소프트웨어적인 측면을 강조하는 것이다. 종업원들이 정확하게 기준서대로 일하고 서면 기록하는 것을 중시한다. 미국 식품 공장에서는 서면 위조가 생기면 관용 없이 직원들을 해고하는 경우가 많다. 많은 업체들이 그렇지는 않겠지만 극소수의 업체는 HACCP이나 식품 인증 심사 전에 몰아서 서류 작업을 하는 경우도 있는 것으로 안다.

또 하나는 일반화된 기준서나 양식을 쓰다 보니 자기의 특정 시설에 맞지 않은 기준서를 가감 없이 씀으로써 비효율적이고, 식품 위생 관리에 구멍이 생길 수 있다는 점이다. 컨설팅 업체나 정부 기관의 지침용 기준서를 검토 없이 사용하다 보니 자기 공장 특유의 위해요소를 반영하지 못하는 경우가 있다. 이러면 위해요소가 적절하게 관리되지 못하여 결국 오염된 식품이 소비자에게 판매될 확률이 많다. 일반적인 기준서를 이용한다 하더라도 반드시 자기 몸에 맞게 옷을 만들어 입어야 한다.

그간 한국에서도 식중독 사태, 살충제 계란 파동 등 적잖은 식품 안전 사고가 발생하는 현실을 보면 HACCP이나 식품 위생 인증에 구멍이 있음을 알 수 있다. 이를 보완하기 위해서는 형식적인 HACCP이나 식품 인증 관리가 아닌 몸에 밴 위생 관리가 절실하다. 시설 투자에 초점을 두는 것이 아니라 실제적으로 소비자의 안전을 위해 전방위에 걸쳐 리스크를 관리할 수 있는 시스템적 사고가 필요하며 요식 행위가 아닌 경영 시스템으로 인식하고 실행해야 할 것이다.

특히, 한국 HACCP의 경우엔 식약처 이름까지 들어가서 정부 주도의 인증이 되었는데 미국의 FDA가 민간에 인증을 맡겨 놓는 것에 비하면 대조적이다. 한국 정부가 HACCP의 인증자가 되면 인증의 공신력을 유지하는 것이 대단히 중요하다. FDA가 실제 한국의 HACCP 인증 공장을 심사할 때 부정적인 인상을 받는다면 정부 주도의 HACCP 공신력이 떨어질 수 있으므로 각별히 주의해야 할 것이다.

최근 신문에서 앞으로 한국의 HACCP 심사를 불시에 하는 것으로 보완한다는 뉴스를 보았다. 앞으로 업체들의 몸에 밴 식품 안전관리가 필요하다. 시설 면에서나 기준서, 양식의 서류 준비성은 탁월하다고 생각된다. 이제는 하드웨어는 준비되었으니 실제로 식품 위생 기준을 습관화해서 실행할 소프트웨어의 수준을 높여야겠다.

그리고 미국 식품안전현대화법(FSMA)의 시행으로 전세계가 한층 높은 식품 기준으로 나아가고 있는 상황에서 세계와 경쟁하려면 한국 식품 업계도 적극적으로 식품 위생 기준을 적용하고 습관화해야 할 것이다.

4.
동물용 식품 예방 관리
(Preventive Controls for Animal Foods)

이미 미국 동물용 식품은 업계에서 자체적으로 GMP 나 별도의 Food Safety Program 등을 실시하고 있었으나 최근 동물용 사료에서 멜라민이 검출되는 문제가 생겨 FDA 는 동물용 식품에 대해서도 별도로 PC rule 을 제정해 관리하도록 했다.

인간용 식품과 거의 내용이 비슷하나 동물용 예방통제에서는 알레르기 통제가 없다. 또한 동물용 제조법 Formula(하루 권장 영양소를 계산하여 만든 제품)에 대해서 영양소의 과다나 저하 등이 적절한지 검토하고 검증하는 것이 들어가 있다. 기타 내용은 인간용 식품과 거의 같으므로 자세히 다루지 않는다.

시행일으로는[20],
- 종업원 500 명 이상의 회사: 2016 년 9 월 18 일
- 종업원 500 명 이하의 회사: 2017 년 9 월 18 일
- Very Small Business(연매출 250 만 달러 이하): 2018 년 9 월 18 일

한 명의 경영자가 농산물을 재배·수확하고 동물(해산물 포함)을 동시에 사육하는 농장의 경우에는 적용되지 않는다. 농장에 설치된 사료 저장 시설도 해당되지 않는다. 이 경우에도 FDA 에서는 아직 제품 오염에 대한 우려가 있으므로 향후 어떻게 관리할지 구체적인 지침을 만들어 배포할 예정이다.

---

[20] https://www.fda.gov/Food/GuidanceRegulation/FSMA/ucm540944.htm#FSVP

1) cGMP 의 준수

FDA에서는 동물용 식품의 생산 또는 인간 식품의 부산물을 동물용 소비에 적용하는 cGMP rule 을 만들어서 시행하도록 요구하고 있다(21 CFR part 507, subpart B). Animal Food cGMP 는 성공적인 Food Safety Plan 과 예방통제(Preventive Controls) 프로그램의 사전 이행 요건(Prerequisite)이다. 이미 인간용 식품 기준의 Food safety program 을 실시하고 있는 경우에는 별도의 Animal Foods cGMP 는 필요 없다.
그러나 화학적 및 물리적 위해요소 예방통제(Preventive Control)는 여전히 필요하다. 예를 들어 동물용 식품을 담는 용기에 세척용 화학물질이 들어가면 화학적 오염이 생길 수 있다. 동물용 식품의 추후 가공(Further processing)의 경우 위해요소가 재침입하지 않도록 유의해서 가공하여야 한다. Subpart C 의 Qualified facility 나 면제(Exemption)가 아닌 경우를 제외하고는 위해요소 예방통제(Hazard Analysis and Preventive Controls)를 해야 한다.

2) 위해요소 분석(Hazard Analysi)과 예방통제(Preventive Controls)

첫 번째 단계는 위해요소 분석이다. 알고 있거나 합리적으로 예상 가능한 생물학적, 화학적 또는 물리학적 위해요소를 찾아내야 한다. 이러한 위해요소들은 자연적으로 발생하거나 비의도적으로 유입되거나 경제적 이득을 위하여 의도적으로 유입될 수 있다.
두 번째는 Preventive Control 과정으로 이러한 위해요소를 방지하거나 최소화할 수 있도록 예방통제 계획을 마련해야 한다.

3) 감독 및 관리

점검은 예방통제 계획이 작동하는지 확인하는 작업이다. 만약 냉동이 필요한 절차라면 온도를 기록해 예방에 필요한 범위 안에서 작동하는지 확인하고 기록해야 한다. Verification(인증)은 예방통제 계획이 효과적으로 작동되고 있는지 확인하는 작업이다. 제품 시험과 Environmental monitoring 은 가능한 인증 중의 하나이다.

Correction 은 생산 중에 일어난 경미한 문제를 시정하는 것을 말한다. Corrective action 은 예방통제와 관련하여 생긴 문제가 재발하는 것을 방지하기 위해 하는 예방 조치를 말한다. Corrective action 은 반드시 서면으로 기록하여야 한다.

4) Recall Plan

동물용 식품을 생산하는 모든 시설은 Recall Plan 을 마련하여야 한다.

5) 공급망 관리(Supply-chain program)

FDA 에서는 동물용 식품을 제조·가공하는 시설에 대해 원재료를 관리하는 공급망(Supply-chain) 프로그램을 시행하도록 하고 있다. 만약 해당 시설이 직접 위해요소를 통제하거나, 아니면 해당 시설의 고객사가 위해요소를 통제한다면 Supply-chain program 이 필요하지 않다.

동물용 식품을 만드는 생산자는 원재료가 인증된 공급자에게서 조달될 수 있게 하여야 한다. 임시로 공급받더라도 위해요소가 통제되고 있는지 검증 작업(Verfification)을 하여야 한다. 만약 공급망 사슬에서 다른 업체가 위해요소를 통제하고 있다면 Supply-chain program 을 시행하지 않아도 된다.

5.
농산물 규정
(Produce Safety Rule)

1998년에 FDA에서 발간한 "Guide to Minimize Microbial Food Safety Hazards for Fresh Fruits and Vegetables(신선 농산물에 관한 미생물 관리 지침)"은 업계의 자발적인 참여를 유도하는 지침서였다. 그리고 업계에서는 Good Agricultural Pratice(GAP)라는 기준을 만들어 사용하고 있었다. 그러나 최근 농산물을 통해, 특히 리콜 및 소비자 사망 사건으로 인해 FDA는 처음으로 농산물에 관해 어떻게 재배·수확하고 유통할 것인지에 대한 규정을 마련해 국내외 농장주에게 동일하게 적용하고 있다.

시행일

대상	일반 (연매출 50 만 달러 이상)	Small Business (연매출 50 만 ~ 25 만 달러)	Very Small Business (연매출 25 만 ~ 2 만 5000 달러)
새싹(Sprouts covered under Subpart M – subject to all requirements of part 112)	2017년 1월 26일	2018년 1월 26일	2019년 1월 28일
새싹 외 일반 농산물(Covered activities involving all other covered produce – subject to part 112, except subpart M)	2018년 1월 26일	2019년 1월 28일	2020년 1월 27일
농업용수 규정(Agricultural Water)	2020년 1월 27일	2021년 1월 26일	2022년 1월 26일

1) 적용 품목

농산물을 수입할 때 해외 수출업자가 농산물 규정을 이행하는지 확인하고 위해요소를 통제해야 한다. 이 법률에 해당되는 농산물로는,

- **과일 및 야채**: 아몬드, 사과, 살구, 에프리움, 둥근 형 아티초(Artichokesglobe-type), 아시아 배, 아보카도, 바바코(Babacos), 바나나, 벨지언 엔다이브(Belgian endive), 블랙베리, 블루베리, 보이즌베리, 브라질넛, 잠두콩(Broad beans), 브로콜리, 방울다다기양배추(Brussels sprouts), 우엉(Burdock), 양배추, 중국배추, 칸달루프(Cantaloupes), 카람보라(Carambolas), 당근, 콜리 플라워, 큰뿌리 셀러리, 셀러리, 차요테 열매(Chayote fruit), 체리, 밤, 치커리, 감귤류(클레멘타인, 자몽, 레몬, 라임, 귤, 오렌지, 탠저린(Tangerines), 탕고르(Tangors), 유니크후르츠(Uniq fruit)), 동부콩(Cowpea beans), 갓류 식물(Cress-garden), 오이, 컬리 엔다이브(Curly endive), 까치밥나무 열매(Currants), 민들레 잎(Dandelion leaves), 플로렌스 회향(Fennel-Florence), 마늘, 무환자나무 열매(Genip), 구스베리, 포도, 그린 빈(Green beans), 구아바, 허브(바질, 쪽파, 고수, 오레가노, 파슬리 등), 감로(Honeydew), 월귤 나무 열매(Huckleberries), 뚱딴지(Jerusalem artichokes), 케일, 키위, 콜라비, 금귤(Kumquats), 리크(Leek), 상추, 리치(Lychees), 마카다미아 넛, 망고, 기타 멜론(Canary, Crenshaw, Persian), 오디, 버섯, 겨자 잎, 승도복숭아(Nectarines), 양파, 파파야, 파스닙(Parsnips), 패션후르츠, 복숭아, 배, 피전피(Peas-pigeon), 후추(Such as bell and hot), 잣, 파인애플, 플랜테인(Plantains), 자두, 플럼콧(Plumcots), 마르멜로(Quince), 무, 라즈베리, 대황(Rhubarb), 루타베가(Rutabagas), 봄양파(Scallions), 샬롯(Shallots), 깍지완두(Snow peas), 가시여지(Soursop), 시금치, 싹(알팔파, 녹두 등), 딸기, 여름호박(패티팬, 노란호박, 주키니 등), 번려지(Sweetsop), 근대(Swiss chard), 토란, 토마토, 강황, 순무, 호두, 물냉이(Watercress), 수박, 참마(21 CFR 112.1(b)(1))

Mixes of intact fruits and vegetables, such as fruit baskets.(21 CFR 112.1(b)(2))로서 예를 들어 수입배(Pear)나 포도(grepaes)는 이 규정에 해당되는 해외에서 생산되는 제품에 대해서도 동일한 규정이 적용된다.

2) 면제 대상

연매출이 2만 5000 달러일 경우에는 농산물 규정에서 예외가 되지만 오염된 제품이 있으면 당연히 판매해서는 안 된다. 면제 대상 농장은 라벨에 재배된 회사명과 주소를 표기해야 한다. 3년 동안 매출액 평균이 50만 달러 이하이고 직접 소비자나 레스토랑 또는 소매 업체에 판매하는 금액이 다른 기타 매출액보다 높은 경우에는 Modified requirements 대상이다.

3) 농산물 규정에서의 위해요소 분석

이 규정에는 생물학적 위해요소만 규정되어 있는데 FSVP의 수입자는 물리학적, 화학적 위해요소 분석을 해야 한다. 농산물의 생물학적 위해요소의 원인으로는 종업원 등 사람에 의한 병원균 전염, 사육 가축이나 야생 동물에 의한 전염, 농업용수로 인한 전염, 토양 오염, 농기구 장비, 부적절한 세척 및 살균 등이 원인이 될 수 있다.

(1) 농산물의 생물학적 위해요소
크게 박테리아, 바이러스, 기생충 3가지로 분류된다. 박테리아로는 살모넬라, 병원성 대장균, 이질균(Shigella·쉬겔라), 리스테리아 등이 대표적이다. 바이러스는 노로바이러스, A형 간염 등이 대표적이다. 기생충류로는 Giardia lamblia, Cryptosporidium parvum, Cyclospora cayetanensis 가 대표적인 농산물 기생충이다.
박테리아의 생장 조건은 다음 그림과 같다.

박테리아의 생장 조건

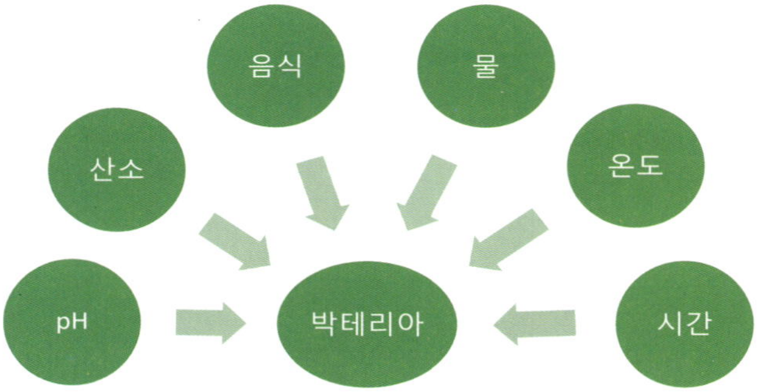

*출처: PSA 교재

신선 농산물 품목은 미국에서 조리하지 않고 그냥 먹는 것이 많다. 그러다 보니 미생물 오염이 생기면 별다른 살균 과정 없이 그대로 체내로 들어가는 경우가 많다. 주로 농산물의 열린 부분이나 상처, 멍, 경흔(Stem scars), 까칠한 표면, 접힌 부분, 포장망에 서식한다.

농산물 규정에 대한 준수 절차

- 생산물 안전성 위험 평가
- 실행
- 실행 모니터링
- 시정 조치
- 기록

FDA는 빈번한 위해요소 발생 원인을 규명해 구체적인 통제 방안을 제시하고 있다.

- Personnel Qualifications and Training(21 CFR Part 112, subpart C): 종업원 요건과 훈련
- Health and Hygiene(21 CFR Part 112, subpart D): 건강 보건
- Agricultural Water(21 CFR Part 112, subpart E): 농업용수
- Biological Soil Amendments(21 CFR Part 112, subpart F): 생물학적 토양 개량
- Domesticated and Wild Animals(21 CFR, Part 112, subpart I): 사육 동물 또는 야생 동물
- Postharvest Handling & Sanitation(21 CFR, Part 112, subpart K): 수확 후 관리 및 세척
- Equipment, tools, and building(21 CFR, Part 112, subpart L): 기계, 장비와 건물
- Sprouts(21 CFR, Part 112, subpart M): 새싹 규정

농산물의 품목별 식품 안전 비율

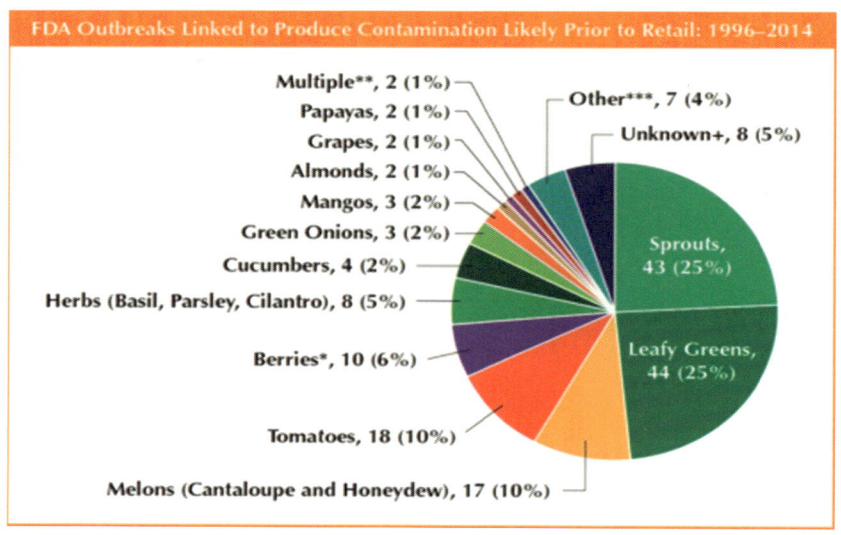

*출처: Produce Safety Alliance

4) 종업원 요건과 훈련(Personnel Qualifications and Training(21 CFR Part 112, subpart C))

종업원은 위해요소를 인식하고 최소화 또는 예방해야 하는 의무를 갖는다. 따라서 종업원 교육이 중요하다. 신선 농산물은 별도의 살균 과정이 없으므로 오염이 일어나면 소비자가 병에 걸릴 수 있다. 농장 종업원은 식품 위생을 이해하여 식품 안전을 위협할 수 있는 리스크를 최소화할 수 있어야 한다. 농장 매니저, 주인, 종업원은 자신의 식품 안전 업무를 위하여 교육, 훈련, 경험을 통해 자격을 갖추어야 한다.

종업원의 의무로는,
- 개인 위생 청결을 유지할 것
- 동물과의 접촉을 피할 것(접촉 시 손 씻기)
- 장갑을 청결하게 유지(장갑 필요 시)
- 손 장신구 착용하지 않기
- 포장 작업을 하는 곳에서 먹는 것, 껌 씹기, 입담배 금지
- 아프면 상사에게 보고할 것

- 손 씻기(화장실 사용 후, 식사 후, 휴식 후, 담배 피운 후, 작업 전, 장갑 착용 전 등)

(1) 종업원이 아프거나 부상한 경우

농산물 규정 CFR § 112.31 은 농장 직원에게 질병이 생긴 경우 식품이나 식품 접촉면의 오염을 방지하기 위해 해당 직원을 농장에서 분리하고 식품 오염이 되지 않는 조치를 규정하고 있다. 질병이라 함은 감염이나 드러난 상처, 구토, 설사 등을 말한다. 종업원은 아픈 증상이 있으면 상사에 보고하고 작업장에서 나와야 한다.

부상한 경우에는 상처 부위가 농산물에 접촉되지 않도록 해야 한다. 특별히 손에 상처가 난 경우에는 장갑을 끼어 농산물과의 접촉을 피해야 한다. 체액(땀, 침, 피, 배변, 소변 등)이 농산물, 농기구, 농장 시설물에 접촉되지 않게 한다. 체액을 흘린 장소는 분리 청소하고 소독해야 한다. 부상하면 상사에게 보고하여 경중에 따라 작업장에서 분리시킬 것을 결정해야 한다. 작업장에는 항상 응급 처치 키트를 준비해 상처를 소독하고 상처 부위를 감쌀 수 있는 밴드나 붕대를 갖춰야 한다.

(2) 종업원 훈련

농장에서 일하는 종업원, 관리자는 직무를 수행하고 식품 안전을 위한 기본적인 지식과 농산물 규정에서 요구하는 규정에 대한 훈련을 시켜야 한다. 개인 위생, 기구 관리, 오염 방지, 동물 관리 등의 사항을 교육받아야 한다. 방문객을 위해 농장의 기본적인 식품 안전 사항을 잘 보이는 곳에 붙여 놓는 것이 좋다. 방문객이 알아야 할 사항으로는 아픈 경우에는 농장 방문 금지, 애완 동물 입장 금지, 방문 시 필요와 장소에 따라 손 씻기 등이 있다.

(3) 화장실 사용

정해진 화장실에서만 용변을 보도록 한다. 절대로 농장 안의 지면이나 생산 시설 근처에서 용변을 보지 않도록 한다. 화장실 휴지는 사용 후 용변기 안에 넣고 별도로 쓰레기통이나 바닥에 놓지 않도록 한다. 화장실 사용 후에는 반드시 손을 씻는다.

(4) 점검과 시정 조치

종업원이 개인 위생 규칙을 제대로 이행하고 있는지 주기적으로 점검해야 한다. 서면으로 기록하고 불이행 시나 기준을 위반한 경우에는 재교육 등의 시정 조치를 취하고 서면으로 기록 보관한다.

(5) 서면 기록

동물의 활동으로 인한 농산물의 피해, 동물의 배변에 의한 오염, 상처 입은 수확물, 땅에 떨어진 수확물은 절대로 수확하지 말 것, 포장 시 깨끗한 포장 재료를 쓸 것 등을 인지하고 시행해야 한다. 종업원과 수퍼바이저는 반드시 식품 위생 훈련을 받고 최소 2년 이상의 서면 기록을 보관해야 한다.

(6) 개인 위생(Health and Hygiene(21 CFR Part 112, subpart D))

질병이 있거나 아픈 직원은 작업에서 배제되어야 한다. 농산물 포장 작업시에는 종업원들이 반드시 손을 씻어야 하고 화장실과 손 씻는 싱크대를 갖춰야 한다. 농장 방문자 또한 화장실 출입을 허용하여 손을 씻을 수 있도록 해야 한다. 농장을 방문하는 사람들에게 출입 허용 지역을 지정하고 손 씻는 규정을 설명하여 따르게 한다.

미국의 간이 화장실 시설과 손 세척 시설[21]

*출처: Produce Safety Alliance Training Material

5) 농업용수(Agricultural Water(21 CFR Part 112, subpart E))

농장 안의 용수 공급을 점검해 용수가 식품 오염의 근원이 되지 않도록 주의한다. 수도, 지하수, 표면 지층수(Surface water)순으로 안전하다고 간주된다. 1년에 한 번은 농업용수 공급 시스템을 점검하고 관리해야 한다. 만약 용수 공급 시에 생물학적 오염을 처리한다면 용수 공급이 적정한 기준 이하로 작동하는지 점검해야 한다. 수확 전에는 Geometric mean(GM) 방법으로 126 CFU/100ml 이하의 Generic E. coli 와 Statistical threshold value(STV) 방

---

[21] http://www.thinkfood.co.kr/news/articleView.html?idxno=81932

법으로 410 CFU/100ml 이하의 Generic E. coli 가 있어야 한다. 수확 시 세척이나 냉각 용수 등은 Generic E.coli 가 100ml 에서 전혀 검출되지 말아야 한다.

수도를 쓰는 경우에는 시나 수도 관련 기관에서 발행하는 연간 수질 보고서를 확인하고 농업 용수로 적합한지 확인한다. 지하수는 첫 해에 최소 4 번 이상의 용수 검사를 하고 그 다음해부터는 매년 한 번씩 검사한다. 표면 지층수(Surface water)는 처음 2~4 년의 기간에 20 회 이상의 검사를 해야 한다. 처음 20 회 검사 기간 후 다음해부터는 매년 5 회 이상의 검사를 하여 처음 20 회 중에 첫 5 회분의 시험 결과를 대체하여 계산해야 한다(계산 방법은 section 112.46 에 상세히 규정).

수확 후에 세척 등의 용도로 쓰는 경우에 세척수와 수확물의 온도 차이로 인해 급냉각이 발생하면 과일이나 농산물 안쪽으로 미생물이 전입될 수 있으므로 온도 차이가 많이 나지 않도록 주의한다.

6) 생물학적 토지 개량(Biological Soil Amendments(21 CFR Part 112, subpart F))

동물 또는 인간 등의 배설물로 만든 거름(Manure)과 토양 개선으로 인한 생물학적 위해요소에 대해 규정하고 있다. 배설물로 만든 거름뿐만 아니라 식당이나 식품 공장, 소매점 등에서 판매되지 않은 잔여물로 만든 거름(Pre-consumer vegetative)도 포함된다. 여기에도 생물학적, 화학적, 물리학적 위해요소가 있을 수 있다. 배설물 베이스가 아닌 동물의 뼈, 피, 우모(Feather meal), 생선 잔여물(Fish emulsion) 등의 거름도 규정하고 있다. 거름을 만드는 과정은 이 규정에 기술되어 있다. EPA 규정에 의해 처리되지 않은 인간의 배설물은 거름으로 쓸 수 없다. 모든 거름은 위해요소 처리 과정을 거친 다음 생물학적, 화학적, 물리학적 위해요소가 없을 때만 쓸 수 있다. 예를 들어 열처리나 두엄 처리(Composting)로 생물학적 위해요소를 제거할 수 있다. 두엄 처리 시에는 반드시 온도와 시간을 모니터링하고 서면 기록을 관리해야 한다. 두엄 처리 시에는 반드시 과학적으로 증명된 방법으로 해야 하며 근거를 인지하고 보관해야 한다.

7) 가축 및 야생 동물(Domesticated and wild animals(21 CFR, Part 112, subpart I))

사육 동물이나 야생 동물이 농산물 재배지에서 잠재적 식품 오염의 원인이 될 수 있는지 평가해야 한다. 만약 동물의 배설물이 농산물에 오염을 미칠 가능성이 있으면 수확하지 않거나 폐기 결정을 해야 한다. 주변의 환경 보호와 농작물 보호라는 상호 충돌될 수 있는 문제는 공동으로 관리(Co-management)하여 환경 피해를 최소화해야 한다. 동물이 농작물에 접근하는 것을 막고 농작물의 피해를 줄이기 위하여 여러 가지 방안을 강구할 수 있다.
농장에서 기르는 가축 및 애완 동물도 농작물의 접근을 제한하고 농작물 수확지에서 배변하지 않게 해야 한다. 만약 동물이 배변을 하였다면 내부적으로 반경 얼마 안(예를 들어 반경 1 미터)의 수확물을 버릴 것인지 결정하고 서면으로 시정 조치(Corrective action)을 기록 관리해야 한다. 특별히 이 규정에 대한 종업원 훈련은 의무이고 서면으로 보관해야 한다.

8) 장비, 도구 및 건물(Equipment, tools, and building(21 CFR, Part 112, subpart L))

농산물 재배 및 수확에 사용되는 기계와 기구는 세척과 정비하기 좋게 설계되어야 한다. 식품 접촉 기계와 기구는 필요에 따라 점검, 정비, 클리닝, 세척 등을 해야 한다. 건물은 정비와 위생적인 관리를 할 수 있도록 디자인되어야 한다.

9) 새싹 규정(Sprouts(21 CFR, Part 112, subpart M))

포장 농산물과 비포장 농산물은 별도로 분리 보관하여야 한다. 오염 가능성이 있는 농산물이 있을 경우에는 수확하지 않는다. 일단 포장된 농산물은 바닥에 놓지 않아야 한다. 포장 재료는 외부의 오염을 차단하게 적절한 재료를 사용해야 한다.

10) 서면 기록

트레이닝 기록은 반드시 서면으로 남겨야 한다. 의무는 아니지만 농장은 식품위생 관리계획을 가지고 있으면 좋다. 서면은 최소 2년 동안 보관해야 한다.

쉬어 가는 페이지

"미국 로메인 상추 리콜 사태를 보며"

미국에 살다 보면 미국인들은 샐러드를 참 많이 먹는다는 것을 느낀다. 식생활의 일부처럼 항상 식사에는 샐러드를 곁들인다. 한국의 김치처럼, 샐러드는 미국인에게 없어서는 안 되는 건강식단의 하나로 자리 잡았다. 그런데 최근 미국에서는 로메인 상추의 이콜라이 대장균 오염으로 12개 주에서 43건의 발병 사고가 FDA에 접수됐고, 한때 미국 전역에 로메인 상추를 먹지 말라는 FDA의 경고가 있었다. 이의 원인이 분명하지 않은 가운데 캘리포니아 중부에서 재배된 상추가 오염되었다는 것만 밝혀져 캘리포니아산 로메인 상추만 먹지 말라는 경고로 바뀌었다.

신선 농산물, 특히 로메인 상추의 오염으로 인한 리콜 뉴스를 번번이 듣는다. 올해만 해도 봄에 로메인 상추 이콜라이 오염으로 인해 이미 리콜 사태가 있었고 여름엔 맥도날드 샐러드 제품에 사이클로스포라(Cyclospora)라는 기생충 오염으로 인해 507명이 식중독을 겪은 바 있다.

일단 신선 농산물에 오염이 생기면 원인을 밝혀 내기가 어렵다. 공급망 사슬 속에 어느 지점에서 발생했는지 구별하기가 어렵다. 농산물을 키운 농장주, 유통업자, 최종 판매 스토어 등의 사슬에 잠재적 오염원이 존재하기 때문이다. 또한 미생물 균이 흙, 공기, 사람의 속, 오염된 장비·기구, 물 등의 여러 원인에서 발생할 수 있기 때문에 오염원을 파악하는 것이 쉽지 않다.

이에 대한 방안으로 미국의 식품안전현대화법(FSMA)이 2011년 제정돼 지금 미국 전역에 걸쳐 새로운 위해요소 관리를 위한 시스템을 가동 중이다. 그중의 하나가 농산물 규정(Produce Safety Rule)이다. 식품을 가공하는 공장처럼 종업원 위생 관리, 가공·포장 시설의 위생 관리, 장비·기구의 위생 관리, 야생동물 관리, 농업용수 관리, 퇴비 관리 등을 절차에 맞게 철저히 관리하고 서면으로 기록하도록 요구하고 있다. 이 농산물 규정이 미국에서도 중소 농장주들의 반발로 시행이 쉽지는 않은 상황이지만 계속적으로 일어나고 있는 신선 농산물의 리콜을 감안하면 농산물 규정을 시행하지 않을 수 없는 상황이다.

이렇게 지속적으로 신선 농산물 리콜 이슈가 나오면서 최근에 FDA에서는 농식품 산업에 블록체인 기술을 도입하여 식품의 유통 과정을 이력추적할 수 있도록 유도하고 있다. 월마트가 이전에 블록체인 기술을 이용해 이력추적 가능성을 높이기로 한 계획을 발표한 바도 있다. 아직 중소 업체들은 도입하는 데 비용 면에서 부담스럽기는 하지만 앞으로 이런 IT 기술을 접목해 식품의 위생 관리를 할 기회들을 모색하고 있다.

또한 로메인 상추 리콜 후에 FDA가 발표한 소비자 지침에 보면 온실에서 재배한 농산물 섭취를 권유하고 있다. 일반 농장에서는 흙, 공기, 물, 동물 등 여러 위해요소 원인이 있지만 그나마 온실은 외부와의 접촉이 적기 때문에 오염 가능성이 낮을 수 있다. 최근 한국에 불고 있는 스마트 팜이나 도시형 팜 모델이 대안이 될 수도 있다.

그리고 농산물 규정에 여러 항목이 있지만 그중의 하나가 농업용수 관리 부분이다. 일전에 농업용수의 오염으로 인해 농산물이 오염된 사례를 보면 농업용수 관리가 필요하다는 데 동감한다. 주기적으로 농업용수의 대장균을 점검해야 하는 규정이 중소 규모 농장주에게는 큰 부담이 될 수 있으나 FDA의 의지로 보면 시행될 것으로 보인다.

마지막으로 한국 농산물의 생산, 관리 등을 돌아보면 특별한 의무 관리 규정이 없는 상황에서 전통적인 재배 방법으로 신선 농산물을 국민들에게 제공했다. 한국인이 주로 직접 소비하는 쌈류(상추, 깻잎, 김치용 배추, 무 등)에 대해 미생물 오염으로 인해 리콜됐다는 뉴스를 본 적은 없는 것 같다. 그렇다고 시대가 변하는데 우리 방식만 고수할 수는 없다. 미국으로 수출되는 농산물은 당연히 미국 농산물 규정을 준수해야 하고 또한 한국 농산물 위생 관리의 선진화를 위해서도 미국 농산물 규정을 벤치마킹하는 것도 좋은 방안이다. 한국의 샐러드 소비가 늘어나는 상황에서 우리의 현주소를 점검할 기회인 것 같다.

6.
해외공급자 검증제도
(FSVP)

1) FSVP 개요 및 시행일

2011년 오바마 행정부에 의해 입법된 FSMA(Food Safety Modernization Act·식품안전 현대화법)의 제정으로 7개의 주요 항목에 대해 대대적인 개편이 이루어졌다. 그중의 한 항목인 FSVP(Foreign Supplier Verification Program·수입식품 안전검증)는 그동안 미국 식품 소비의 약 15%를 차지하는 수입식품에 대한 안전 검증을 강화하여 자국 소비자를 보호하기 위한 제도이다.

FSMA의 시행으로 미국 제조업자에게는 경우에 따라 6가지 항목(PC Rule for Human Foods, PC Rule for Animal Foods, Produce Rule, Sanitary Transportation, Third party certification, Food Defense)이 적용될 예정인데 당연히 수입식품에 대한 규제가 필요한 바 수입식품에 대한 위해요소 분석(Hazard Analysis) 및 그에 대한 통제 방안이 요구되고 있는 것이다. FSVP의 최종 목적은 해외에서 생산되는 수입식품이 미국 내 새로운 식품 위생 규정인 식품안전현대화법 수준으로 만들어지게 하는 것이다.

구체적으로는 FSMA의 위해요소(Preventive Control) 관리 또는 농식품(produce) 관리 규정을 준수하는 식품을 수입하도록 하기 위함이고 또 하나는 FD&C Act(식품제약화장품 관리 법안)하에서 오염된 제품을 수입하지 않기 위함이다(특별히 인간용 식품에 대한 알레르기 라벨링이 중요함)(FD&C Act Section 402 and 403(w)).

2) 핵심 사항

(1) 수입업자들의 식품 안전에 대한 책임 공유

전에는 일부 품목(수산물, 저산성 식품 등)을 제외하고는 제품 수입에 큰 제한이 없었다. 그러나 안전성 검증 없이 미국으로 수입되는 식품에 대한 위험성이 제기되고 문제가 발생할 때는 이미 미국 소비자에게 큰 피해를 줄 수 있고 수입식품의 해외 제조사에 대한 제재나 법적 조치가 쉽지 않았다.

그러한 책임을 식품 수입업자에게 일차적으로 부여하면서 수입업자는 자기가 수입하는 제품이 미국 식품 안전 기준에 부합하는지 확인하고 수입하는 책임을 지게 되었다.

(2) 리스크 베이스(Risk-based)

수입업자는 식품의 종류, 위해요소의 종류, 공급업자의 식품 위생 History 등의 요인을 고려하여 위해요소를 통제하도록 하고 있다. 식품에 따라 특유의 위해요소가 있고, 위해요소마다 통제하는 방법이 다르며, 해외 공급자의 미국 수출 내력이 어떤지에 따라서 개별적인 식품 안전관리가 이행되도록 하였다.

(3) 융통성 있는 규제

수입업자가 융통성 있게 필요 요건을 맞추도록 하고 있다. 예를 들어, 소규모 업체의 경우에는 완화된 요건(Modifed rule) 또는 면제 요건(Exemption)이 적용될 수 있고 시행일자도 연기해 주고 있다.

3) 시행 시기

500명 이상의 종업원을 가진 해외 공급자로부터 수입할 경우에는 2017년 5월 30일부터 시행이지만 수출업체의 규모, 수입자의 성격, 수출업체가 Preventive Controls for Human Foods(인간용 식품), Prevnetive Controls for Animal Foods(동물용 식품), Produce Safety Rule(농산물 규정) 중 어디에 해당되는지에 따라서 시행일이 다르다.

수출업체 종류	FSVP 시행일
PC(Preventive Control) Rule 이 적용되는 500 명 이하의 수출업체	2018 년 3 월 19 일
PC Rule 이 적용되는 Qualified Facilities(적격 업체 및 영세 업체 – 'Very Small Businesses') 21 CFR 117.3	2019 년 3 월 18 일
농산물 규정(Produce Safety Rule)에 해당되는 경우 Subpart M of 21 CFR 112	2017 년 7 월 26 일 (Small businesses as defined in 21 CFR 112.3 의 경우: 2018 년 7 월 26 일, Very Small Businesses as defined in 21 CFR 112.3 의 경우: 2019 년 7 월 29 일)
기타 일반적인 경우	2017 년 5 월 30 일
Food Contact 패키징 재료	FSVP 적용 후 2 년 뒤(최초 2019 년 5 월 30 일부터 시행)

*기타 자세한 시행일은 FDA 참조[22]

4) 적용 대상

FSVP 의 적용 대상은 수입되는 식품의 화주 또는 소유자(예를 들어 물건을 소유하고, 구매했으며, 또는 미국 반입 시에 서면으로 구매하기로 합의한 경우)이다. 만약에 미국 반입 시에 물건의 소유주 또는 화주가 정해지지 않았으면, FSVP 수입자는 서류상 합의된 미국의 에이전트·관리인·화주가 된다. FSVP 제도의 핵심은 누군가는 반드시 미국 내 수입식품에 대한 위해요소 통제 관리의 책임을 져야 한다는 것이다.

내가 FSVP 에 해당되는지 여부의 흐름도

당신은 Part 1 Subpart L 에 해당되는 수입업자 입니까?
(참조 21 CFR 1.500)
당신은 수입식품의 화주, 수취인입니까? 아니면
수입 당시에 화주나 수취인이 없을 경우에 화주나 수취인의 대표나 대리인입니까?

예

아니요 → 당신은 FSVP 해당 안 됨.

---

[22] https://www.fda.gov/Food/GuidanceRegulation/FSMA/ucm540944.htm

당신은 아래 제품만 수입합니까? (참조 21 CFR 1.501) 생선류(CFR 123 해당) 또는 생선류 가공에 쓰이는 원재료 주스(CFR 120 해당) 또는 주스 가공에 쓰이는 원재료 알코올 음료 또는 알코올 음료에 쓰이는 원재료 특정 고기류, 가금류 또는 계란 제품 (USDA 관할) 개인용 소비를 위한 식품 미국을 통과하기 위한 운송 중인 식품 미국에 수입되어 가공된 뒤에 재수출될 제품 미국에서 수출되어 차후 가공 없이 반송된 제품	예 →	이 제품에는 FSVP 해당 안 됨.

↓ 아니오

저산성 식품을 수입하는 경우(21 CFR 113 해당) (참조 21 CFR 1.502(b))	예 →	생물학적 위해요소 분석은 필요 없지만 화학적, 물리학적 위해요소 분석은 해야 함.

↓ 아니오

당신은 PC Rule for Human Foods 또는 PC Rule fo Animal Foods 에 해당되어 Supply-chain Program 을 시행한 경우인가요? (참조 21 CFR 1.502(c))	예 →	당신은 이미 FSVP 를 하고 있는 것으로 간주됨. 단, 통관 시에는 FSVP 업체로 신고해야 함.

↓ 아니오

```
당신은 건강보조식품을 수입하나요?(21 CFR 111     ──예──▶  Modified requirements 적용
해당)                                                   (Dietary Supplement cGMP 적용)
(참조 21 CFR 1.511)
```
아니오
```
당신은 소규모 업체인가요?                            ──예──▶  Modified requirements 적용
(참조 21 CFR 1.5000 and 1.512)                              (Supplier 에게서 Written Assurance Program 을 받으면 됨)
인간용 식품은 3년 평균 100만 달러 이하,
동물용
식품은 3년간 평균이 250만 달러 이하일 것
```
아니오
```
당신은 영세 업체로부터 수입하고 있나요?              ──예──▶  Modified requirements 적용
(참조 21 CFR 1.512)
(인간용 식품 및 동물용 식품 규정에 의한 적격 업체:
연 100만 달러 이하.
Produce Rule 상의 적격업체: 연 2만 5000달러 이하의 매출액)
```
아니오
```
현재 FDA 에서 식품 기준 상호 인정 국가에서           ──예──▶  Modified requirements 적용
수입하나요?(참조 21 CFR 1.513)
(현재 캐나다, 뉴질랜드, 호주 해당)
```
아니오

당신은 FSVP 적용 대상입니다.

5) FSVP 수입자 조건

미국에 주소지가 있어야 한다. FDA에서 간주하는 수입자의 기준과 미국 국토관리부(CBP)에서 간주하는 수입자의 기준이 다르다. 미국 국토관리부가 보는 '서류상의 수입자(Importer of recorder)'와는 다르게 FSVP 수입자는 미국 국내에 주소지가 있어야 한다. FDA가 간주하려는 FSVP 수입자의 목적은 수입하는 식품에 대한 안전 보장을 책임 지우려는 것이다.

FDA는 일률적으로 FSVP를 정하지 않고 수입자와 미국 내 유통자, 에이전트 등의 수입과 관계된 이해 관계자들이 협의로 정할 수 있도록 하고 있다. 실제로 미국의 주류 유통 회사의 경우 수입업자들에게 FSVP에 대한 책임 소재를 묻는 확인서에 서명시키는 경우가 있다.

여러 가지 경우 예
① '누가 FSVP 수입자인가?'
- A사의 경우 한국에서 식품을 미국에 수출하려고 한다. 현재 미국에는 수입업자나 구매 업체가 없고 직접 미국의 창고를 얻어 수입을 하려고 한다. A사는 현재 미국에 주소가 없어서 에이전트를 쓰고 있다. 이때 FSVP 수입자는 누구인가? → 미국 내 에이전트가 FSVP 이다.
- 한국으로부터 식품을 수입하는 B사는 Drop-shipping으로 미국에 있는 C사에게 직접 수입하고 있다. 일차적으로는 B사가 FSVP의 책임이 있지만, 이 경우에는 B사와 C사의 협의로 FSVP 수입자를 협의로 정할 수 있다.

② '누가 해외 공급자(Foreign supplier)인가?'
해외 공급자란 식품을 제조·가공하여 미국에 수출하는 업체로 차후 재가공 없이 마지막 공정을 한 업체를 말한다(라벨 작업 등의 미미한 리패키징 과정은 제외). FDA에서 간주하는 해외 공급자란 실제적으로 식품의 안전관리를 해야 하는 책임 업체로 FDA는 이 부분에 대해 융통성 있게 해석하고 있다. 만약 해외의 수출자가 단순히 브로커나 Consolidator(수출 품목을 취합해서 선적하는 회사 또는 개인)일 경우에는 직접 식품 제조자로부터 관련된 식품 위생 서류와 정보를 수집하여 위해요소 분석을 해야 한다.

6) FSVP에서 말하는 '식품(Food)'은 무엇인가?

식품이란 인간이나 동물에 의해 소비되는 식품 또는 음료이며 다음의 항목을 포함한다 (Section 201(f) FD&C Act).

- 식품이나 음료에 쓰이는 원재료
- 식품 제조에 쓰이는 식품 첨가제(Food additive)와 색상 첨가제(Color additive)
- 건강보조식품(Dietary supplement)
- 포장재와 기타 식품과 접촉하는 재료

대부분의 식품은 FDA 관할에 속하지만 육류, 가금류(닭, 오리 등)와 계란류 제품은 USDA가 통제한다. 포장재와 기타 식품과 접촉되는 재료는 FSVP에 포함돼 시행되어야 하지만 최근에 시행을 늦춰 2019년 5월 30일부터 시행한다.[23]

(1) 면제되는 수입업자 및 식품

- 주스 및 해산물: 이미 FDA 21 CFR 120 또는 CFR 123에서 규정하고 있듯이 주스 및 해산물의 경우(주스 또는 해산물의 제조 공정에 쓰이는 원재료)에는 이미 HACCP이 필수 사항이므로 FSVP가 적용되지 않는다. 그렇다 하더라도 수입업자는 주스 및 해산물의 수출업자가 HACCP을 시행하는지 확인해야 한다.
- 상업적 목적의 판매나 공공에 유통하는 용도가 아닌 소량의 연구 개발용 식품 또는 소량의 개인 소비용 식품에는 면제된다.
- 21 CFR part 113에서 규정된 저산성 식품의 경우는 이미 FDA로부터 별도의 통제 및 관리를 받고 있으므로 FSVP에서는 제외되고 있다. 그러나 미생물학적 위해요소만 제외되어 수입업자는 그외 물리학적 및 화학적 위해요소 분석은 해야 한다.
- 알코올 음료
- 미국으로 환적되는 식품, 미국 내 판매 및 유통이 아닌 향후 재수출을 목적으로 하는 식품인 경우
- 수입업체 중에서 수입을 하면서 동시에 생산과 가공을 겸하면 FSMA PC Rule이 적용되어 그 안에 이미 Supply Chain Program(공급망 식품 안전관리)을 하여야 하므로 PC Rule을

---

[23] https://www.fda.gov/food/guidanceregulation/fsma/ucm517545.htm

시행하고 있는 경우에는 FSVP를 이미 시행하고 있는 것으로 간주된다. 그렇지만 여전히 통관할 때는 미국 국토안보부(CBP)에 FSVP 수입자로 신고해야 한다.
- 미국에서 생산·가공되거나 재배되는 식품이 수출되었다가 다시 미국으로 반송되는 경우의 식품
- 육류, 가금류, 계란: USDA 규정에 의해 통제되고 있음

*건강보조식품(Dietary Supplement)은 면제되는 것이 아니라 FSVP의 법률이 적용되며 준비해야 하는 사항 중에 위해요소 분석만은 할 필요가 없다. 건강보조식품은 별도로 Dietary Supplement cGMP가 이미 국내외 제조업자에게 적용되고 있으므로 요건이 완화되어 있다.

(2) 완화된 조건(Modified requirement)이 적용되는 경우

- 수입된 식품이 위해요소가 통제되지 않고는 소비할 수 없는 경우(예를 들어 커피 원두는 로스팅 후에 소비되는 것인 일반적)
- 수입자가 매우 영세한 경우(Very small importer): 지난 3년간 평균 매출액이 100만 달러 미만일 경우(인간용 식품) 또는 250만 달러 미만(동물용 식품)에 해당이 된다. 이 매출액은 수입식품뿐 아니라 국내에서 구매한 식품의 판매 및 제조한 품목의 모든 매출 총액을 말한다(예를 들어, 1년 평균 30만 달러를 수입해서 판매하고 미국 내 Supplier에게 80만 달러를 팔았다면 총매출이 100만 달러를 넘으므로 FSVP에 해당된다).
- 수입식품이 '특정 소규모 외국 공급자(Certain Small Foreign Importer)'로부터 수입되는 경우
- 만약 외국 공급자가 3년 평균 연매출이 100만 달러 이하일 경우(Human Foods일 경우 해당, Animal Foods인 경우에는 연매출이 250달러 이하)에, FSMA Preventive Control Rule(예방통제 규정)에 의해 인증받은 시설(Qualified facility)일 경우
- 농산물 매출액이 2만 5000달러 이하인 소규모 농장에서 수입하는 경우
- 산란계 3000마리 미만으로 계란을 생산하는 생산자
- 수입식품이 미국과 상응하거나 동등한 식품 위생 규정을 가진 나라에서 수입되는 경우: 이 경우에도 수입식품이 제조사로부터 안전하게 생산되어 미국에 수입되는지 모니터링은 해야 하며 Modified requirement로 2년마다 해외 공급자로부터 FD&C Act의 Section 418과 419에 필요한 공공 위생을 보호할 기준을 준수하여 생산한다는 서면 약속(Written Quality Assurance)을 받아야 한다. 만약 상당한 위해요소가 발견되는 경우에는 FSVP 수입자로서의 위해요소 분석 및 통제 의무를 다해야 한다. 그리고 통관 시에도 CBP에는 FSVP Importer로 신고해야 한다.

- 건강보조식품(Dietary supplement)이나 건강보조식품 원료(Component)를 수입하는 경우

7) 수입자의 의무

FSVP 면제 또는 완화된 요건의 FSVP가 적용되는 경우가 아니라면, 다음과 같은 요건을 완비하고 서면으로 기록을 보관해야 한다.

- FSVP 전문가 지정(Qualified individual)
- 위해요소 분석: 위해요소 인식 및 평가
- 해외 공급자의 식품 위생 관리 시스템에 대한 평가
- 해외 공급자 선별 기준에 의한 해외 공급자 선별 및 인증
- 인증된 해외 공급자로부터만 식품을 수입하겠다는 서면 절차(몇 가지 예외 조항 있음)
- 교정 조치(Corrective Actions)
- 해외 공급자 인증 제도의 재평가
- DUNS #
- 문서 보관 및 관리

(1) 전문가 지정: 전문가를 통한 FSVP 개발 및 시행(Qualified Individual)

FDA에서는 FSVP 시행을 위해 'Qualified Individual(이하 'QI', 위해요소 분석 전문가)'을 통해서 FSVP 계획을 수립하고 시행하게 되어 있다. QI는 교육, 훈련 또는 경험(또는 이들의 조합)을 가진 자로서 FSVP를 수행하기 위해 해당 분야의 용어를 이해하고 관련 서류를 읽고 분석할 수 있는 능력을 가진 사람을 말한다(21 CFR 1.5039(a)).

중요한 것은 QI는 사내(In-house)의 내부 직원이 아니더라도 가능하며 컨설팅 업체나 외부 전문가의 도움을 받을 수 있다. 보통 수입업체 중 미국 현지 공장을 갖춘 경우에는 내부 식품 품질관리 부서(QC/QA)의 직원이 FSVP를 수행할 능력을 갖고 있는 경우가 많다. 그러나 소규모 수입업체의 경우에는 품질관리 담당 직원을 직접 채용해 FSVP를 운용할 여력이 없는 경우가 많아 FSVP 전문 컨설팅 업체를 활용하여 시행하는 것이 경제적일 수 있다.

또 하나의 비슷한 개념으로 FSMA 중에 PC Rule for Human Foods의 경우에는 PCQI(예방통제 전문가)를 이용하여 PC Rule을 계획하고 수행하도록 하고 있다. PCQI의 요건은 FDA

에 의해 인가된 기관(FSPCA: Food Safety Preventive Control Alliance)에서 준비한 트레이닝을 이수하거나 아니면 관련 업종에서 FSMA 경험을 쌓고 식품 위생 프로그램을 개발하고 적용할 수 있는 사람을 말한다.

PCQI 과정과 FSVP 의 과정은 둘 다 FSPCA 에서 주관하는 세미나를 통해 참석하고 인증을 획득할 수 있으며 이 과정을 들으면 전체적인 관련법의 개괄과 내용을 이해함으로써 FSVP 를 포괄적으로 준비하는 데 도움이 된다. 하지만 이 과정을 이수해도 FSVP 자체를 준비하고 수행하기에는 쉽지 않은 경우가 많으므로 자체적 위해요소 분석이 어려운 때는 외부 컨설팅 업체의 도움을 받는 것이 효과적이다.

QI 에게 중요한 것은 FDA 에서 FSVP 에 대한 문의나 제품에 대한 기술적인 질문에 대답할 수 있어야 하고 FSMA 의 PC Rule, Produce Safety Rule, HACCP, GMP 등에 대해 충분한 이해가 있어야 한다.

(2) 위해요소 분석(Hazard Analysis)

이미 알려지거나 합리적으로 예측할 수 있는 위해요소의 파악 및 평가를 하여야 하며 다음과 같은 사항을 포함한다.

- 생물학적, 화학적(방사능 포함) 그리고 물리적 위해요소
- 자연적으로 발생하거나 경제적인 이득을 위한 비의도적, 의도적 첨가

위해요소란 인간 또는 동물이 섭취할 때 인간 또는 동물이 질병 또는 부상 당할 수 있는 잠재적 요소들을 말한다. 수입자는 경험, 질병 자료, 과학적 보고서, 기타 정보를 바탕으로 위해요소를 파악하고 통제해야 한다.

위해요소가 발생하는 경우로는 다음 세 가지가 있다.

i) 자연적으로 발생하는 경우
ii) 비의도적(Unintentionally)으로 발생하는 경우
iii) 경제적 이득(Economic gain)을 목적으로 의도적으로 첨가된 경우

자연적으로 발생한 경우는 미생물학적 박테리아 오염이 대표적이고, 비의도적으로 발생하는 경우는 가공 기계의 세척 때 세제가 남아 식품 제조 시 섞이는 경우를 들 수 있겠다. 경제적 이득을 목적으로 첨가된 사례는 최근 중국에서 문제가 된 멜라민 분유가 있다. 이 사건은 중

국 낙농업자들이 우유의 단백질 양을 늘리기 위해 멜라민을 사용하였다가 이것이 분유에도 발견되어 문제가 된 사건이다.

여기서 위해요소는 '이미 알려지거나 합리적으로 예상 가능한 위해요소(Known or reasonably foreseeable hazards)'이어야 한다. 예측하기 어려운, 확률적으로 드물고, 영향이 적은 위해요소는 포함되지 않는다. 수입 전에 인터넷을 통한 리서치로 그 식품 특유의 위해요소 인식이 가능하다.

① 위해요소의 종류

생물학적 위해요소(Biological Hazards Analysis)는 박테리아, 바이러스, 기생충, 환경적 병원균 또는 기타 병원균을 말한다. 화학적 위해요소(Chemical Hazards Analysis)는 방사능 오염, 농약, 동물 투여 약품(항생제 등), 자연 독소, 부패 물질, 사용 금지된 식품 첨가제, 식품 알레르기, Deficient level of nutritients(FDA가 정해 준 식품별 품질 기준) 등이 있다. 물리적 위해요소(Physical Hazards Analysis)로는 유리, 금속, 플라스틱 파편, 나무, 돌 등의 외부 물질(Foreign objects)을 말하며, 영유아에게 질식 위험이 있는 위해요소를 포함한다.

위해요소별 식품 안전 사고 통계

위해요소 종류	발병 건수	질병	입원	사망
생물학적	3158	64044	4221	120
화학적	215	834	93	5
물리적	N/A	N/A	N/A	N/A
불확실	1391	15072	292	3

*자료: 미국 질병 통제국(2009~2014)

② 서면 기록

위해요소 분석 후에 반드시 서면으로 기록해야 한다. 위해요소가 발견되지 않으면 분석한 결과 위해요소가 없다는 서면 기록을 남겨 놓아야 한다. 위해요소의 분석은 Qualified Individual에 의해서 이루어져야 하며 과거의 경험, 질병 통계, 과학적 보고서, 기타 자료 등에 의해 발견될 수 있다. 제품이 여러 개 있는 경우에는 생산 조건이 같은 제품군을 묶어 위해요소를 분석할 수 있다. 제품 종류나 제품 공급자에 따라 운송 과정 중 발생할 수 있는 위해요소를 분석해야 한다. 예를 들어 냉장이나 냉동 제품은 온도 통제가 필수이므로 운송상에 온도 컨트롤이 제대로 되었는지 확인해야 한다.

해외 제조 업체도 FSMA PC Rule for Human Foods, PC Rule for Animal Foods, Produce Rule에 의해 위해요소 분석(Hazard Analysis)이 필수이므로 위해요소 분석 자료나 HACCP 자료를 요청해서 QI를 검토해야 한다.

③ 위해요소 분석 시 고려 사항

위해요소 분석 때 고려 사항으로는,
- 식품의 종류(신선 제품 또는 가공품인지)
- 식품의 공급 지역
- 식품 위해요소를 유발할 수 있는 이해 관계자들(제조자, 수출자, 포장자, 운송자, 유통업자, 소비자 등)
- 같은 식품에 대해 과거 발병 사례가 있는지의 이력
- 제품의 포뮬라
- 해외 공급업자의 공장 환경 및 가공 기계 상태
- 원재료 및 기타 보조 재료
- 운송 수단
- 수확, 재배, 가공, 포장 절차
- 레이블링
- 보관 및 유통
- 합리적으로 의도된 사용 용도(Intended or reasonably foreseeable use)
- 세척 및 종업원 위생
- 기타 잠재적 위해요소를 유발할 수 있는 요인

④ 위해요소 분석을 위해서 쓸 수 있는 유용한 정보

위해요소 분석에 대한 더 깊은 정보는 FDA 웹사이트[24]에서 찾을 수 있다. 여기서는 제품별로 어떠한 유해 미생물이 있는지 FDA가 지침을 내놓았다. 해외 공급자가 자체적으로 가지고 있는 생물학적 검사 기준 외에도 미국 FDA 지침을 참조하여 수입업자는 Spec sheet 이나 COA에 빠져 있는 생물학적 위해요소를 점검하고 해외 공급자에게 시험해 줄 것을 요구할 수도 있다. 수입업자 또한 Third-party laboratory를 통해 직접 수출자가 빠뜨린 중요 위해요소 항목을 시험할 수도 있다.

---

[24] https://www.fda.gov/downloads/Food/GuidanceRegulation/FSMA/UCM517402.pdf

FDA Guideline - Snack Foods에 대한 위해요소[25]

Contains Non-binding Recommendations
Draft-Not for Implementation

Table 1N: Information that you should consider for potential ingredient or other food-related biological hazards for Snack Foods

Category	#	Subcategory	Storage Conditions	Bacillus cereus	Clostridium botulinum	C. perfringens	Brucella spp.	Campylobacter spp.	Pathogenic E. coli	Salmonella spp.	L. monocytogenes	Shigella spp.	S. aureus	Giardia lamblia	Trichinella spiralis	Example Products
Baked	1	Bread snacks, Unseasoned	Shelf-Stable						X	X						Breadsticks, Mini Toast, Poori, Crostini, Pretzels, Crackers
Baked	2	Bread snacks, Seasoned	Shelf-Stable						X	X						Honey Mustard Pretzels, Garlic Bagel Chips, Cinnamon Mini Toast, Garlic and Herb Crackers
Baked	3	Bread Snacks with Filling, Unseasoned	Shelf-Stable						X	X						Peanut Butter Pretzels, Cheese Pretzels
Baked	4	Bread Snacks with Filling, Seasoned	Shelf-Stable						X	X						Italian Cheese Pretzels, Buffalo Bleu Cheese Baked Snacks, Pepperoni Pizza Baked Snacks, Salsa Tortilla Baked Snacks
Baked	5	Grain snacks Unseasoned	Shelf-Stable						X	X						Puffed Rice Snacks, Wheat Crackers, Rice Crackers, Whole Grain Crackers
Baked	6	Grain Snacks Seasoned	Shelf-Stable						X	X						Cheddar Cheese Rice Cakes, Caramel Corn Cakes

⑤ 한국 제조 업체가 유의해야 할 위해요소 1 - 알레르기(Food allergen)

식품 알레르기는 자연적으로 발생한 화학적 위해요소에 속하는 것으로 미국에서 FDA에 보고된 식품 오염 사례 중 3분의 1 이상이 표기되지 않은 식품 알레르기에 의해 발생한다고 한다(참조: FDA Reportable Food Registry). FDA는 식품 알레르기의 약 90%를 차지하고 있는 8개의 대표적인 알레르기 식품(우유, 계란, 생선, 갑각류, 밀, 땅콩, 견과류, 콩)에 대해 라벨에 성분 표기를 의무화하고 있다(FD&C Act Section 403(w)). 특히 견과류, 생선, 갑각류는 특정한 종류도 라벨에 표기해야 한다(예: Tree Nuts(Almond)).

FSMA PC Rule에 의하면 알레르기 물질에 대해서는 Preventive Control(예방통제)가 필요하며 알레르기 물질과 비알레르기 물질 간의 교차오염, 또는 알레르기 물질끼리의 교차오염(Cross-contamination)이 될 수 있으므로 특별한 관리(Allergen control)가 필요하다. 특히, 해외 생산 업체의 경우 국가마다 알레르기 표기 의무가 다르므로 미국 FDA에서 규정한 알레르기 물질과 라벨 표기 형식 및 알레르기 관리 방법에 대한 인지 및 홍보가 필요하다.

---

[25] https://www.fda.gov/downloads/Food/GuidanceRegulation/FSMA/UCM517402.pdf

⑥ 한국 제조 업체가 유의해야 할 위해요소 2 – 금지된 식품 첨가제

경제적 이득을 목적으로 첨가하는 색소 등의 첨가제를 말한다. FDA 에서 금지되거나 사용한도의 제한이 있는 식품 첨가제가 들어가 있는지 FDA 웹사이트[26]에서 미리 확인해야 한다. 각주 링크[27]에 있는 Color additive list 에 색소가 없는 경우에는 수입이 금지된다. 예를 들어, 최근 카민산(Carminic Acid), 치자나무색소(Gardenia), 홍화적색소(Carthamus)가 함유됐거나 성분 표시에 기재하지 않아 수입이 금지된 경우가 있으므로 각별히 주의를 기울여야 한다.

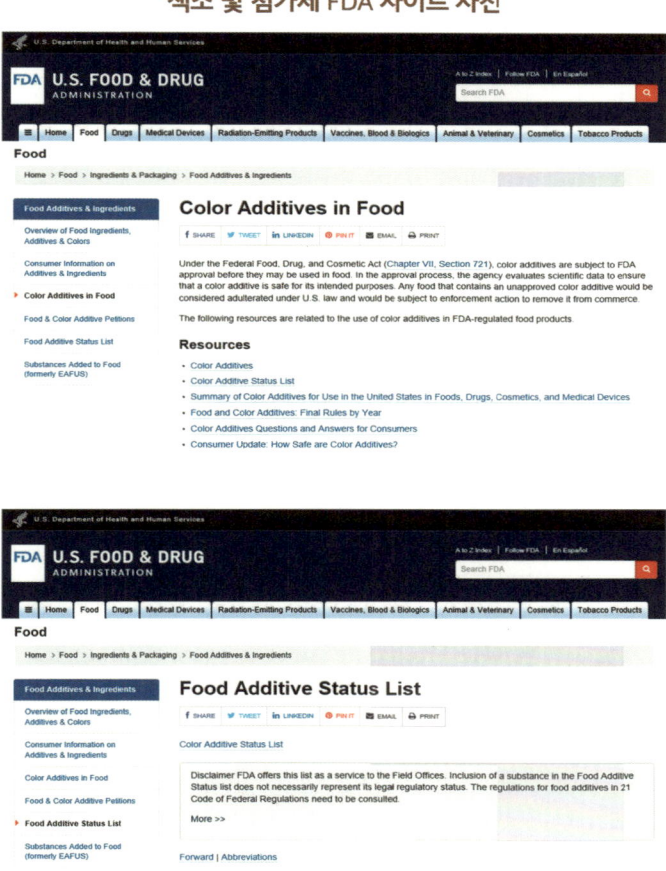

색소 및 첨가제 FDA 사이트 사진

---

[26] https://www.fda.gov/Food/IngredientsPackagingLabeling/FoodAdditivesIngredients/ucm094211.htm

[27] https://www.fda.gov/ForIndustry/ColorAdditives/ColorAdditiveInventories/ucm106626.htm

첨가제 목록이나 색소 목록에 없는 경우에는 FDA에 청원을 제출하여 사용 허가를 받은 후 수입해야 한다.

⑦ 캘리포니아 판매를 할 경우에 유의할 점 – 캘리포니아 Prop 65

FSVP의 내용은 아니나 캘리포니아의 경우에는 별도의 법률인 Proposition 65에서 인체에 암을 유발할 수 있는 유해물질(화학물질, 중금속 등)이 일정 농도 이상 식품에 포함되어 있으면 경고 문구를 표시하도록 하고 있다. 최근에 미국 컨슈머 그룹에서 한국 식품 업체를 상대로 제기한 납 관련 소송은 앞으로도 계속 일어날 가능성이 많으므로 사전에 위해요소를 분석하고 기준치 이상의 발암 물질이 나오거나 가능성이 높을 때는 경고 문구를 표기해야 한다. 다른 방법으로는 위해요소들이 기준치 이하로 내려갈 수 있도록 공급 업체와 기술적으로 해결 방안을 논의하거나, 아니면 다른 공급 업체로 대체하는 준비가 필요하다.[28]

최근 개정된 Prop 65에 의하면 식품마다 구체적인 화학물질을 명기하도록 되어 있다. 개정 전에는 다음 그림처럼 일반적인 경고 문구를 사용하였으나 이제는 구체적인 화학물질을 표기하도록 규정하므로 제품별로 구체적인 위험물질을 파악하여 표기해야 한다.

경고 문구의 예[29]

Example of Old Safe Harbor Warning

WARNING: This product contains a chemical known to the State of California to cause cancer.

Example of New Safe Harbor Warning

 WARNING: This product can expose you to arsenic, a chemical known to the State of California to cause cancer. For more information go to: www.p65warnings.ca.gov

---

[28] https://oehha.ca.gov/proposition-65

[29] https://www.jdsupra.com/legalnews/a-primer-on-the-new-requirements-of-53692/

⑧ 기타 위해요소 분석을 위해 알아 두면 유용한 정보 사이트
• FDA Reportable Food Registry(최근 발생한 식품 사고 정보 사이트):
https://www.fda.gov/AboutFDA/Transparency/Basics/ucm387976.htm
• FDA Bad Bug Book(식품 오염 미생물 백과사전):
https://www.fda.gov/food/foodborneillnesscontaminants/causesofillnessbadbugbook/
• FDA Guidance Document(FDA 에서 발간하는 개별 식품별 또는 개별 이슈별 지침):
https://www.fda.gov/RegulatoryInformation/Guidances/
• FDA Chemical contaminants, metal, natural toxins & pesticide guidance:
https://www.fda.gov/Food/GuidanceRegulation/GuidanceDocumentsRegulatoryInformation/ChemicalContaminantsMetalsNaturalToxinsPesticides/default.htm
• Technical Assistance and Resource Table:
(https://www.fda.gov/Food/GuidanceRegulation/FSMA/ucm459719.htm)

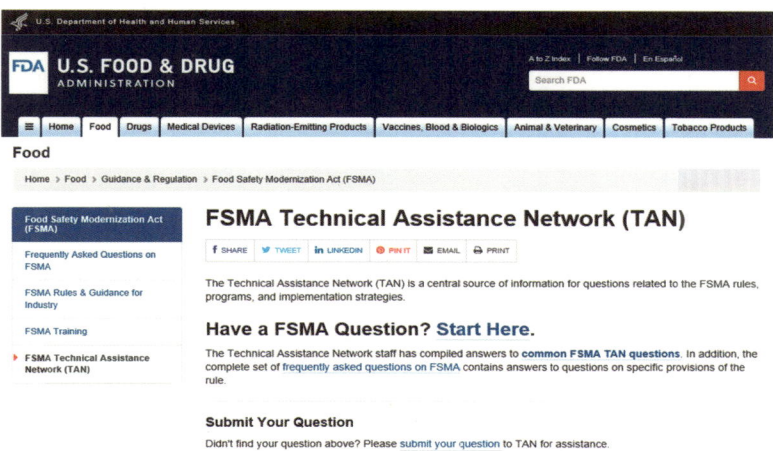

(3) 위해요소 파악 후 선별 기준

위해요소 분석이 끝난 다음에는 위해요소의 발생 가능성과 심각성을 고려하여 어떤 위해요소를 통제할 것인지를 결정해야 한다.

• 발생 가능성(Probability): 위해요소의 통제가 없을 경우에 위해요소로 인한 문제가 발생할 수 있는 가능성

- 심각성(Seriousness): 위해요소의 통제가 없을 경우에 발생할 수 있는 질병 또는 부상의 정도

이 두 가지의 요소 조합으로 어떤 위해요소를 통제할지를 결정한다. Ready-to-eat 제품은 세균 오염의 통제가 충분히 된 후에 포장되었는지 확인해야 한다.

제품 공정상 위해요소 분석의 예

위해 요소	제품명: 오믈렛- 플레인, 치즈, 비스켓 치즈					페이지 X 중 Y	
공장 이름	E.G. 식품 회사				발행일	월월/일일/년년	
주소					대체	월월/일일/년년	
(1) 재료/ 가공 단계	(2) 잠재적 식품안전 위해요소 소개, 통제 또는 이 단계에서 강화		(3) 잠재적 식품 안전 위해요소가 사전 조치가 필요한가?	(4) 항목 3 에 대한 정당성	(5) 위해 요소 예방 또는 최소화를 위해서 어떤 사전 조치가 적용되었는가? ccps,알레르기,위생,공급망, 기타 사전조치	(6) 해당 단계에서 사전 조치가 적용되었는가?	
			예 / 아니오			예	아니오
제품 공정도로부터	B C P	이 단계에서 도입되거나 증가할 수 있는 잠재적 위험요소를 파악	위해요소에 사전 조치가 필요한지 결정	잠재적 위험이 확인되었을 때 항목 3 에 "예" 또는 "아니오"의 이유를 제시. 항목 2 의 없음"은 선택사항.	예방조치가 필요한(3 번 항목에 "예"선택한 경우) 위험요소에 대해서는 이 단계 또는 이후에 적용되는 예방조치(가공, 알레르기, 위생, 공급자 등)을 확인한다.	사전 조치가 이 단계 또는 이후에 적용되면 표시	

*출처: FSPCA Training Material

(4) 해외 공급자에게 적용되는 식품 위생 규정과의 관계

식품 개별적으로 FDA 에서 요구하는 사항이 다르므로 특정 식품마다 FDA 에서 요구하는 사항을 파악해서 FSVP 활동과 상호 보완적으로 위해요소를 분석해야 한다. 예를 들어, 농산물 수입에는 해외 공급자가 FSMA 의 Produce Rule 을 시행하는지 확인하여야 하며 Produce rule 에서 다루지 않는 화학적(Chemical) 그리고 물리학적(Physical) 위해요소 분석과 통제를 해야 한다.

- 저산성 식품(Low Acid Can Food)의 경우: 21 CFR 113 규정에 의해 저산성 식품 등록(FCE & SID) 신고를 해야 하고 생물화학적 위해요소를 제외한 화학적 그리고 물리학적 위해요소 분석을 하여야 한다.

• 기타 적용 사항 규정: 유아용 포뮬라(21 CFR part 107), 산성 식품(Acidified foods, 21 CFR part 118), 산란계(Shell eggs, 21 CFR part 118), 병물(Bottled drinking water, 21 CFR part 129)

식품 수입업자들은 FSVP 외에도 어떠한 식품 규정(PC Rule for Human Foods and Animal Foods, Produce Rule 등)이 적용되는지 알아야 하며 해외 공급자와도 정보 공유를 통해 FSMA 요건에 맞는 식품을 생산하도록 알려서 미국으로 들어오는 식품이 문제없이 수입될 수 있도록 노력해야 할 것이다.

(5) 해외 공급자에 대한 평가와 선별
① 해외 공급자 인증 절차의 목적
해외 공급자에 대한 인증 절차의 목적은 수입업자가 수입식품의 위해요소로 인한 문제를 최소화 또는 예방하는 것이다. 식품을 수입하기 전에 자체적으로 만든 공급자 선별 기준에 의해 공급자를 선택하고, 얼마나 자주 인증 활동을 할지, 누가 인증 활동을 할지 결정해야 한다. 수입 제품이 궁극적으로는 미국 공공 식품 위생 기준에 부합하는지 확인하는 것이다. 예를 들어 수입업자의 해외 공급자가 땅콩을 가공하는 공장이라면 그 공장이 교차오염 방지를 위한 통제를 하고 있는지 확인해야 한다.

② 공급자 선별 및 승인
위해요소 분석은 주로 해당 식품에서 예상 가능한 위해요소를 분석하고 통제할 위해요소를 수입업자가 분석하는 것이라면 해외 공급자에 대한 평가와 선별은 해당 해외 공급업자로부터 식품을 수입하기에 적절한지 수입업자가 평가하는 것이다. 평가한 후에는 내부적 기준 및 FDA 에서 요구하는 기준에 부합하는 해외 공급 업체를 인증하여 'Approved supplier list'를 작성해서 보관해야 한다.

평가 기준에 필요한 요소들로는 위해요소 분석 자료, 누가 위해요소를 예방할 것인지, 해외 공급자의 과거 실적 등이 있다. 누가 위해요소를 예방할 것인지에 대한 예로서 만일 해외 공급 업체가 아플라톡신(옥수수에 흔히 있는 독소 물질)의 통제를 옥수수 수확자에게 맡기고 있다면 제품 입고 시 해외 공급업자가 반드시 검사 결과를 확인해서 입고해야 하고, FSMA 규정상에 PC Ruel for Human 또는 Animal Foods 의 Supply-chain program 으로 관리해야 한다. 해외 공급자의 과거 실적 평가는 공급자의 식품 위생 운영 방식, FSMA 적용 여부(PC Rule for Human Foods or Animal Foods or Produce Rule), 이력(검사 결과, Audit 결과, 문제 발견 시에 어떻게 조치하는지 등), 과거 FDA 규정 위반 사항 여부, 기타 다른 요소(운송 과정 등)를 고려해야 한다.

간혹 적절한 위해요소 통제 없이는 소비될 수 없는 식품(예를 들어 커피나 코코아)은 해외 공급자에 대한 평가와 인증을 할 필요가 없다. 하지만 제품이 이 경우에 해당되는지를 판단한 근거는 서면으로 가지고 있어야 한다. 커피는 가열하여 섭취하더라도 위해요소(농약, 중금속, 독신 등)가 남아 있을 수 있으므로 이는 해외 공급업자나 수입업자가 점검하고 예방해야 한다.

FDA 해외 공급자 평가를 위한 자료와 정보를 제공하고 있다. Import Alerts, Recalls, Import refusals 등에 대한 정보를 검색하여 사전에 해당 품목 및 수입업자에 대한 정보와 이력을 얻을 수 있다.[30]

③ FSVP에서 해외 공급자의 평가와 인증을 해야 하는 시기

FDA에서는 해당 식품을 **수입하기 전에** 해외 공급자의 평가(Evaluation)와 인증(Approval)을 하도록 요구하고 있다. 이미 수입하고 있는 제품에 대해서는 FSVP의 시행일부터 의무적으로 시행하도록 하고 있다. 새로운 품목이 추가되어 수입하거나 새로운 수출업자가 생기면 반드시 이 인증 작업을 먼저 한 후에 수입해야 한다.

④ 사례분석

사례 1 – 알레르기 성분이 들어간 제품의 경우 어떤 위해요소를 분석하고 통제할 것인가

만약 당신이 FSVP 상의 수입업체로서 한국에서 스낵을 수입한다고 하자. 한국의 공급 업체는 여러 가지 스낵을 만드는 업체로서 알레르기 성분이 들어간 제품도 생산하고 있다. 이 경우 교차오염의 가능성이 있으므로 공장에서 교차오염을 방지하기 위한 활동을 하는지 확인해야 한다. 알레르기 교차오염 방지를 위한 고려 사항으로는 다음과 같은 것들이 있다.

- 기계의 세척 및 위생적 디자인
- 클리닝 스케줄
- 알레르기 원재료 취급 방법
- 재가공(Rework) 취급 방법
- 종업원 위생 프로그램
- 훈련 프로그램

---

[30] https://www.fda.gov/Food/GuidanceRegulation/FSMA/ucm516330.htm

사례 2 – 누가 위해요소를 분석하고 통제할 것인가

만약 해외에서 오렌지를 수입하여 온다고 가정하자. 해외 오렌지 수출업자는 각 농장으로부터 오렌지를 구매할 것이다. 실제 생산자로서 위해요소의 일차적 책임은 각 농장주이지만 수출업자가 각 농장 오렌지의 위해요소를 분석하고 통제할 수 있다(오렌지 농장주에게는 FSMA Produce Rule 이 적용될수 있음). FSVP 수입업자는 수출업체의 위해요소 분석과 통제에 근거해 위해요소를 분석할 수 있지만 별도의 검토와 평가(수입 후 검사하는 방법 등)를 통해 제대로 위해요소가 파악되고 예방되는지 확인해야 한다.

⑤ 승인 나지 아니한 공급자에 대한 임시적 이용

원칙적으로는 해외 공급자를 평가하고 검증한 뒤에 승인된(Approved) 공급자만 수입하도록 되어 있다. 사정이 생겨서 임시적으로 승인되지 않은(Unapproved) 해외 공급자로부터 수입을 하는 경우도 허용되지만 적절한 인증 활동을 하는 조건으로 수입이 허용되며 서면으로 검증 활동 기록을 보관해야 한다. 임시로 허용되는 경우는 기존 해외 공급자의 생산 시설이 부득이한 사정으로 가동이 중단되거나 자연 재해 등으로 생산이 중단된 경우이다.

⑥ 심각한 위해요소의 경우(SAHCODHA(세코다): Serious Adverse Health Consequences Or Death to Humans or Animals)

세코다 해저드(SAHCODHA Hazard)는 위해요소가 심각한 질병이나 부상을 유발하거나 사망에까지 이르게 하는 경우로 FDA 에서 규정한 Class I 의 Recall 에 해당하는 사항이다. 세코다 해저드에 해당하면 FDA 는 수입업자에게 매년 해당 공급자를 방문하여 감독할 것을 요구하고 있다(Auditor 는 해당 전문성을 가진 자라야 함: 21 CFR 1.506(d)(2)). 세코다 해저드에 해당되는 품목이더라도 이미 장기간 수입을 하고 있고 그동안 별문제가 발생하지 않은 경우에는 2 년에 한 번씩 공급자 감독을 할 수도 있다. 2 년마다 인증 활동을 하였다면 2 년 주기를 결정한 배경과 결정 내용을 서면으로 보관해야 한다.

(6) 공급자 검증 활동의 종류

공급자 검증 활동의 방법으로는 다음과 같은 것이 있다(21 CFR 1.506(d)(1)).

- 현장 방문 감독
- 샘플링과 제품 시험
- 공급자의 식품 위생 프로그램 및 서면 검토

- 기타 적절한 해외 공급자 인증 활동 등

위의 방법 중 하나만 선택하거나 아니면 여러 가지 조합을 사용할 수 있다. 어떠한 경우든 위의 방법 중 하나를 사용한 경우에는 정당화할 수 있는 서면 기록이 필요하다. 기타 적절한 해외 공급자 인증의 예로 만약 해외 공급자의 예방통제 수단이 살균이라면 해외 공급자의 살균 온도 관리 기록 및 살균 장치의 측정 기록을 검토하는 것 등이 적절한 인증 활동의 예라고 할 수 있겠다.

또 다른 예로서 어떤 해외 지역에 미국에서는 금지된 농약이 사용된다면 FDA는 해외 공급자에게 사용된 농약의 이름, 사용 농도, 사용 주기 등의 기록을 요청하고 검토할 수 있다.

해외 공급자의 생산 지역이 중금속(납 또는 카드뮴 등) 측면에서 높은 수치를 보이는 경우에는 해당 제품을 공급자가 시험하게 하거나 아니면 별도로 미국의 제3자 실험실에 의뢰해 시험할 수 있다. 특별히 캘리포니아의 경우에는 Prop 65 법률에 의거해 인체에 유해한 중금속 및 화학물질이 일정 수치 이상 검출되면 경고 문구를 붙이게 되어 있으므로 전문가의 조언과 모니터링이 필요하다. 최근 미국 내 식품 수입업자를 대상으로 납 소송을 제기하는 경우가 많은데 FSVP를 통해 같이 준비할 수 있다.

① 해외 공급자를 직접 방문해 실사하기로 결정한 경우

해외 공급자를 직접 방문해 감독하기로 결정한 경우에는 FDA 규정 지식과 위해요소 분석과 위해요소 통제가 적절한지 분석할 수 있는 전문 지식이 있는 Auditor(Qualified auditor)에 의해 수행되어야 한다. 자격 있는 감독자는 정부 기관 소속 직원일 수도 있고 민간 기업 소속의 직원일 수도 있다. FDA가 식품 위생 기준이 미국과 동등하거나 상응하다고 인정하는 경우에는 해당 수입 국가의 식품 규정을 적용해서 감독해야 한다. 감독은 기록 검토 및 공장의 식품 위생 관리 실태를 직접 확인하고 평가해야 한다. 감독은 cGMP 규정과 예방통제 규정 (Preventive Controls; process, sanitation, allergen, and supply-chain)을 고려해야 하고 분석 결과를 기록하여야 한다.

FDA는 FSVP를 수행하기 위하여 반드시 현장 감독을 하도록 하는 것은 아니다. FSMA 범주에서 'Third-party certification' 항목 중에는 i) Voluntary Qualified Importer Program(VQIP: 자발적 적격 수입자 프로그램, FD&C Act section 806)을 하거나, ii) 심각한 질병이나 부상을 유발할 수 있는 중대한 위해요소(SAHCODHA: Serious Adverse Health Consequences Or Death to Humans or Animals)가 있는 경우에만 의무적으로 현장 실사(Onsite audit)를 한다고 규정하고 있다.

실사 절차, 실사자의 자격, 날짜, 결론, 부족한 부분에 대한 시정 조치(Corrective Action) 등을 기록으로 보관해야 한다. 미국과 상응한 식품 안전 시스템을 보유한 캐나다, 오스트레일리아, 뉴질랜드의 경우에는 정부 유관 기관의 감독도 수입자의 감독과 동일하게 간주한다.

② VQIP Certification(수입자 적격 제도)
Voluntary Qualified Importer Program(VQIP·자발적 수입 자격 프로그램)의 경우 FDA 가 평소에는 수입자에게 인증을 요구하지 않는다. 그러나 다음과 같은 두 가지 경우에는 인증을 요구할 수 있다. 첫째는 수입자가 FSVP를 시행하면서 해외 공급자를 평가한 근거로 쓸 수 있다. 두 번째는 특별한 기준이 맞는지 확인할 때, 특정 지역이나 수출 국가의 식품 규정 능력이 의심스러울 때 FDA에서 요구할 수 있다.

J&B 컨설팅, 국내 최초 美 인증 기관과 VQIP 인증 서비스 제공
수출 식품 통관서 신속한 처리로 납품 지연 막아

J&B 컨설팅이 국내 최초로 미국 'Perry Johnson Registrar' 인증 기관과 한국 VQIP(Volunteer Qualified Importer Program·자발적 수입자 적격제도) 인증 서비스를 제공한다.

현재 미국 식품안전화 현대화법(FSMA) 7개 카테고리 중의 하나인 '제3자 인증(Third-Party Certification)'은 심각한 질병을 일으킬 수 있는 제품군에 대해 미리 FDA 기준에 대한 심사인증을 받거나 아니면 자발적으로 VQIP 인증을 받아 신속한 통관 혜택을 주는 제도가 있는데 FDA가 인정하는 제3자 인증 기관을 통해서 미리 인증받을 수 있다. 현재 전세계에서 유일하게 Perry Johnson이 제3자 인증 기관으로 등록돼 있다.

VQIP으로 인한 혜택은 미국 통관 시 신속한 처리로 인한 시간 지연 방지, 수입자 지정 장소에서의 샘플링, 반려 경험이 있는 제품에 대한 대안이나 재평가 등의 여러 혜

택이 있으며 미국 내 고객에게 제품을 지연 없이 납품할 수 있는 장점이 있다.

한편 미국에 본사를 둔 J&B 컨설팅은 국내에 지사를 운영하며 미국 FDA 관련 컨설팅을 진행 중이다. 미국 현지 FDA 인스펙션 경험을 바탕으로 FSMA 컨설팅 업체 중 가장 많은 고객에게 FSMA 관련 컨설팅을 제공하고 있다. J&B 측은 Perry Johnson 과 업무 제휴를 통해 FDA 관련 FSMA 인증 및 VQIP 인증 서비스를 제공함으로써 미국 수출을 원활하게 도울 계획이라고 밝혔다.

③ 샘플링과 시험으로 위해요소 분석을 하는 경우

샘플링과 시험으로 위해요소의 검증을 한다면 다음과 같은 서류를 보관하여야 한다. 시험할 제품의 명칭, 샘플 숫자, 시험 방법, 시험 날짜, 시험 결과, 시정 조치(Corrective action: 예를 들어, 결과가 기준치를 넘을 경우에 원인 및 예방 조치를 어떻게 할 것인지), 시험을 수행한 실험실의 정보, 자격 있는 실험실이 수행했다는 정보 등. 수입업자는 시험 시 해외 공급자의 테스트나 제3자 기관의 검사 결과를 사용해도 된다.

④ 해외 공급자의 기록을 검토한 경우

해외 공급업자가 위해요소의 분석 및 통제를 한 기록을 수입업자가 사용하는 경우 다음과 같은 기록을 보관해야 한다. 검토한 날짜, 검토한 기록의 종류, 검토한 결론, 부족한 부분이 있을 경우 시정 조치(Corrective Action). 해외 공급자의 서류는 **반드시 Qualified individual(QI)**가 해야 한다.

⑤ 기타 다른 적절한 평가 방법(Other appropriate activity)

만약 다른 적절한 평가 방법이 있다면 그 방법을 쓸 수 있다. 예를 들어 수입업자는 해외 공급자의 과거 실적을 검토하고 리서치를 통해 해당 식품과 관련된 위험을 분석할 수 있고 반드시 Qualified individual 이 검토한 서류를 보관해야 한다.

⑥ 다른 외부 기관의 평가의 경우

수입업자는 외부 기관이나 전문가(Qualified individual)에 의해 위해요소 분석 및 통제를 평가하고 관리할 수 있다. **그렇더라도 궁극적인 FSVP 의 책임은 수입업자에게 있다.** 외부 컨설팅 기관의 평가 결과를 통해 해외 공급자가 미국 기준에 부합하지 않은 경우, 수입업자는 다른 공급처를 찾거나 기존 공급처에게 미국 기준(FSMA 규정)에 맞도록 요구해야 한다.

(7) 누가 위해요소를 통제할 것인가?

수입업자는 누가 위해요소를 통제할 것인지 확인하는 것이 중요하다. 수입 시 여러 단계의 유통 과정을 거치기도 하는데 이 경우 누가 위해요소를 통제할 것인지 확인해야 한다.

만약에 Customer(Customer 는 유통업자, 가공업자, 생산업자, 레스토랑을 말한다. 그리고, Consumer 는 소비자를 말한다)가 위해요소를 통제한다면 "위해요소 통제 공정을 하지 않는다(not processed to control xxxx hazards)"라고 밝혀야 한다. 그리고 Customer 에 PC Rule 이 적용된다면 Customer 가 위해요소를 통제하거나 최소화한다는(The customer shall significantly minimize or prevent the identified hazard) 내용의 서면을 받아야 한다. 만약 Customer 에 PC Rule 이 적용되지 않는다면 Customer 가 관련 식품 요구 조건에 맞게 생산 및 가공할 것이라는 서면을 받아 보관하여야 한다.

만약 Customer 가 위해요소를 통제하지 않고 유통 단계에서 누군가가 통제를 한다면 본 수입업자는 위의 경우와 같이 "위해요소 통제 공정을 하지 않는다(Not processed to control xxxx hazards)"라고 밝혀야 하고 서면으로 누가 위해요소를 통제할 것이라는 보증서(Assurance)를 받아야 한다. 보증서의 내용으로는 시행일자, 프린트 이름과 서명, 필요한 보증서 내용을 담고 있어야 한다. 서면으로 보증서를 받았다 하더라도 Customer 는 보증서에 맞게 시행하고 보증서를 만족시킬 만한 위해요소 통제 관리 기록을 서류로 보관해야 한다.

(8) 해외 공급자 인증 활동의 결과

인증 활동의 결과, 위해요소가 적절히 통제되지 않는다면 해외 공급자는 시정 조치를 취해야 한다. 시정 조치가 적절히 이루어지지 않으면 기존 수입자에게 시정 조치 미이행 시에 미국 수입이 중단될 수 있다고 알리고 개선이 이루어지지 않을 때는 수입 중단을 하거나 대체 공급자를 찾는 등의 노력을 해야 한다.

(9) 재평가(Reevaluation)

수입식품과 해외 공급자의 실적에 영향을 줄 만한 새로운 정보를 인식하거나 또는 **3 년에 한 번은** 해외 공급자와 수입식품에 대해 재평가를 해야 한다. 재평가를 위한 새로운 정보라 함은 해외 공급자의 생산 공정, 절차, 식품 위생 운영 방식, 해외 공급자의 규정 준수(예를 들어 FDA Warning letter), 공급자의 식품 위생과 관련된 대응 방식, 시험 결과에 대한 새로운 정보, 감독 결과 등이 있을 수 있다. 재평가를 할 만한 새로운 정보 인식 시에는 FSVP 활동에 대해 변화가 필요한지 또는 해당 공급자로부터 수입을 계속할지를 결정해야 한다.

만약 Modified requirement 가 적용되는 경우에는 해외 공급자로부터 서면 보증을 받고 주기적인 재평가는 면제되지만 여전히 수입식품의 잠재적 위해요소를 인식하고 필요하면 시정 조치를 취해야 한다(21 CFR 1.505[c]).

수입업자가 아닌 제 3 자가 해외 공급자를 평가하고 제품의 위해요소를 분석하였더라도 식품 위생에 관해 영향을 줄 새로운 정보가 생기면 3 년마다 재평가를 해야 한다. 만약에 Customer 가 위해요소를 통제하기로 했어도 3 년마다 또는 위해요소가 통제되지 않음이 인지되면 재평가 작업을 해야 한다.

(10) 시정 조치(Corrective Action)

시정 조치(Corrective Action)란 식품 위생과 관련하여 문제가 발생할 때 앞으로 수입될 식품이 미국 식품 위생 조건에 맞게 취해질 조치를 말한다. PC Rule 이나 Produce rule 에서도 문제 발생 시에는 시정 조치를 취하게 되어 있다. 문제가 발생하면 근본 원인 분석(Root cause analysis)을 한 후 원인을 제거하고 위해요소를 통제하기 위한 시정 조치(Corrective action)를 세워야 한다.

소비자나 고객으로부터 문제 발생이 통보되면 해외 공급자에게 문제 발생에 대한 Root cause analysis 를 요청하고 시정 조치를 마련해 시행할 것을 요구해야 한다. 해외 공급자로부터 받은 Root cause analysis 와 시정 조치는 서면으로 보관해야 한다. 경우에 따라서는 고객에게 발생 원인 및 시정 조치를 통보해야 한다. 발생 원인 및 시정 조치에 대한 평가는 Qualified individual 에 의해 이루어져야 한다. 문제 발생이 심각하여 질병 및 부상을 유발할 수 있는 경우에는 리콜 조치도 해야 한다.

참고로 문제 발생의 유형으로 식품 위생(Food safety), 식품 품질(Food Quality), 서비스, 기타 등의 유형이 있다. FDA 에서 신경쓰는 부분은 식품 위생에 관한 사항이므로 식품 위생에 관한 시정 조치, 발생 경위, 발생 원인 분석은 필수이다.

(11) 수입자 인식 번호(Importer's Identification)

FSVP 에서는 식품 수입 시에 식품 수입업자에 대한 인식 번호를 요구하고 있다. 통관시에 CBP 에 수입자 이름, 수입자 이메일 주소, UFI(Unique Facility Identifier)로 DUNS(Data Universal Number System) Number 를 요구하고 있다. DUNS 번호의 경우에는 Dun & Bradstreet 신용평가 기관에서 무료로 제공하고 있다.[31] 비즈니스를 오래한 수입업자의 경우라면 신청 후 바로 번호를 받을 수 있지만 신규 사업자라면 1~4 주 정도의 시간이 필요하다.

---

[31] http://www.dnb.com/government/duns-request.html

신청하고 DUNS가 나오지 않은 상태라면 수입 통관 시 관세사는 수입업자의 DUNS에 'Unknown'으로 입력할 수 있다. 하지만 이것은 임시방편이므로 빠른 시일 내에 DUNS를 받아서 통관 시에 사용해야 한다. 만약에 미국에 물건의 화주나 주인이 없는 경우에는 에이전트(Agent)나 대리인(Representative)이 FSVP 수입업자로 대행하면 된다.

많은 수입업자들이 오해하고 있는 부분이 DUNS 번호만 있으면 수입하는 데 문제가 없고 FSVP의 의무 사항이 끝이라고 생각하는데, 수입업자가 DUNS를 쓴다는 것은 FSVP 의무자로서 FSVP의 의무 사항을 준수한다는 것을 전제하고 있다. 특히 관세사는 통관 때 FDA에 많은 부분에서 수입업자에게 도움을 주고 있지만 DUNS 번호 이외에 수입업자에게 FSVP 준수 사항이 있음을 간과해서는 안 된다.

D&B DUNS# 등록 웹페이지[32]

(12) 기록의 보관 및 유지

FSVP 활동에서 기록 보관 및 유지가 중요하다. FDA에서는 식품 위생 관련 활동에 대한 검증으로 서면 제출을 요구하고 있어 구두로 식품 위생을 하고 있다고 하면 인정되지 않는다. FSVP의 경우에도 지금까지 기술한 위해요소 분석·통제, 공급자 평가 등의 기록들을 보관해야 한다. 반드시 Qualified individual이 검토하고 서명해야 한다. FDA에서 FSVP 관련 서면 제출 요구 시에 불응하면 수입 제한 조치가 취해질 수 있다.

FSVP 관련 서면 기록물에 대해서 FDA가 요구하는 정해진 포맷은 없다. 단지 FSVP의 내용을 충분히 담은 분석·통제 계획 자료를 담고 있으면 된다.

FSVP가 포함해야 할 기본 사항으로는,

---

[32] https://www.dnb.com/duns-number/lookup.html

- Hazard Analysis(위해요소 분석)
- Foreign Supplier Performance Evaluation(해외 공급자 성과 평가)
- Procedures for approving foreign suppliers(해외 공급자의 인증 절차)
- Foreign supplier approval(해외 공급자 인증)
- Procedures to assure use of only approved foreign suppliers(인증된 공급자만 쓰겠다는 절차)
- Determination of verification methods and frequency(인증 방법 및 주기에 대한 결정)
- Performance of verification activities(인증 활동에 대한 성과)
- Any necessary corrective actions(필요한 시정 조치)
- Reevaluation of your FSVP either for cause or routinely every 3 years(갱신 필요 시 또는 3년마다 FSVP에 대한 재평가)

*반드시 Qualified individual에 의해 작성되어 서명되어야 한다.

기록은 영어가 아닌 외국어로도 작성이 가능하나 FDA 실사는 합리적인 시간 안에 (Reasonable time) 번역 서류를 달라고 요구할 수 있다. Qualified individual은 해당 외국어로 된 기록을 이해할 수 있어야 한다. 해당 언어를 번역하거나 해당 언어를 이해하는 QI가 서류를 검토할 수 있다.

기록으로는 원본, 복사본(사진, 복사, 스캔, 마이크로필름 등), 전자파일 등이 될 수 있다. 서류는 반드시 작성 날짜와 함께 Qualified individual의 사인이 있어야 한다. 기록은 서류가 상하지 않는 안전한 곳에 보관하여야 한다. 제 3의 장소에 서류를 보관할 수도 있지만 FDA에서 요청하면 24시간 안에 서류를 제출할 수 있어야 한다.

FDA에서 요청하면 이메일, 메일, 또는 FDA 웹사이트에 서류를 올릴 수(Upload) 있다(서류 Upload는 앞으로 지침이 나올 예정). 서류는 작성 후 또는 공급자의 공급이 중단된 후 **최소한 2년**은 보관해야 한다. 과실로 서류를 그 전에 폐기하면 FDA에서는 FSVP에 대한 기록이 없었던 것으로 간주하기 때문에 가능하면 최대한 장기로 보관하는 것이 좋다.

그리고 기존 서류를 다른 용도로 만든 경우에도 그 기존 서류들을 FSVP 목적을 위한 사용도 가능하다. 수입업체가 이미 다른 Food safety program을 시행 중에 있다면 이미 있는 기록은 굳이 다시 만들 필요는 없다. 그러나 이미 있는 기록이 필요한 정보를 일부만 가지고 있다면 추가 사항을 넣어서 다시 만들 필요가 있다.

잘 관리된 서류는 FDA에 좋은 인상을 주고 FSVP 실사 시에 수월하게 끝날 가능성이 많다. FDA가 서류를 요청하면 되도록 빨리 응대하되 사정이 생긴 경우에는 연장 신청을 할 수 있다.

(13) 회수 계획(Recall plan)

FSVP에서는 명시적으로 요구하고 있지 않으나 식품의 저장 또는 유통하는 업체도 FSMA의 PC Rule for Human Foods 에 해당되므로 식품을 수입해서 유통하는 업체도 Recall plan이 있어야 한다. Recall plan 은 FSMA PC Rule for Human Foods 에서 규정하고 있으며, 어떻게 물건의 이력추적 가능성(traceability)을 확보하느냐가 관건이다. 물건이 수입되어 Lot #를 어떻게 기록·유지하느냐에 따라 문제가 생긴 경우 회수를 효과적으로 할 수 있다(리콜에 대해서는 다시 뒷부분의 FSMA PC Rule for Human Foods 에서 다루기로 한다).

(14) 알레르기 계획(Allergen plan)

FSVP에서 명시적으로 요구하지는 않으나 대부분의 리콜 사유가 알레르기 물질의 미표기나 오류 등으로 인한 게 많으므로 별도로 알레르기 제품을 어떻게 다룰 것인지 절차를 만들어 관리할 필요가 있다. 라벨에 표기하는 방법 및 제품의 생산 과정 중에 알레르기 교차오염을 방지하기 위해 해외 생산자를 검증하는 절차도 포함하면 좋다(Allergen plan 에 대해서는 다시 뒷부분의 FSMA PC Rule for Human Foods 에서 다루기로 한다).

8) FDA 감독

FDA의 목표는 업계에 식품 위생 및 규정 준수의 문화를 만드는 것이다. FDA가 강조하는 것은 'Educate before and while they are regulating', 즉 시행 전에 교육하거나 감독하는 중에 교육하는 것이다. FDA는 FSMA(FSVP를 포함)의 홍보와 실행을 위해 국내외적으로 교육하고 확산시킬 예정이다. 세부 사항인 지침을 계속 발간하여 제조자, 수입자, 재배자들의 FSMA 실행을 도울 것이다. 관련 정보는 다수 언어로 발간될 예정이고 여기에는 한국어도 포함된다. 수입자가 FSVP를 시행하는 과정에서 해외 공급자는 FSMA 시행규칙(PC Rule, Produce rule)을 알고 있어야 한다. FDFA는 이미 최종 Rule을 발간하고 충분한 시간(시행 전 Grace Period)을 주었기 때문에 수입자든, 해외 공급자든 새로운 규칙을 적용하여 운영해야 한다.

FSMA 대부분의 규칙이 제조자, 가공자에게 주로 적용되어 현장 실사 위주로 많이 진행되지만 FSVP의 경우에는 주로 서면에 의존해 실사를 진행하므로 서면 기록의 보관 및 유지가 매우 중요하다.

FDA의 FSVP 감독 방법으로 FDA 조사관이 직접 방문하여 FSVP 시행 여부를 물어보고 서류 열람을 요청할 수 있다. 서류 요청 시에는 24시간 안에 제출해야 하고 이메일로 제출 가능하다. 또한 FDA Unified Registration and Listing System(FURLS) portal system에 올릴 수 있다. 만약에 수입업체가 Food Facility Registration이 되어 있다면 FURLS account가 있으므로 별도로 다시 계정을 만들 필요는 없다(FDA에서 향후 자세한 지침 발행 예정).

FDA FURLS 화면[33]

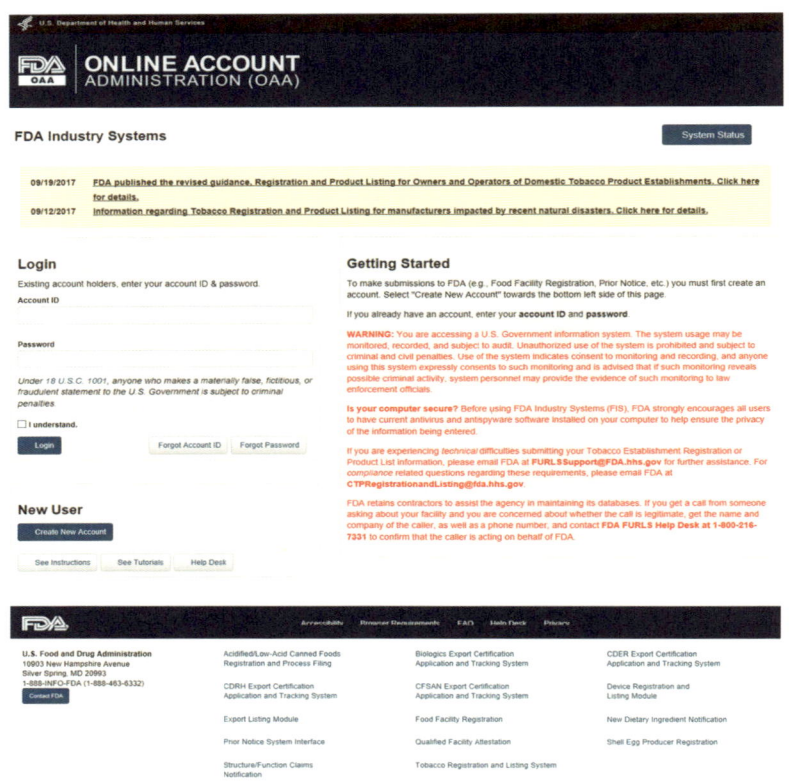

서면 사본을 우편이나 상업용 운송 서비스(예를 들어 UPS 등) 편으로 보낼 수도 있다. 외국어 서면의 경우에 FDA의 요청에 따라 관련 서류를 합리적인 시간 안에 번역해야 한다.

보통 FDA 실사는 사전 통보를 하지 않고 나오는 경우가 많다. FDA 조사관이 오면 "Request for FSVP Records(Form 482d)"와 "FSVP Observation(Form 483a)"을 발행할 것이다. 이 서면에 어떠한 부분이 시정 조치되어야 하는지 나와 있다.

---

[33] https://www.access.fda.gov/oaa/logonFlow.htm?execution=e1s1

FDA 조사관(Investigator 라고 함)은 관련 FSVP 서류들을 검토하고, 필요에 따라서는 사본을 요구할 수도 있다. 초기 시행 단계에서는 단속보다는 교육과 홍보 목적이 강하므로 FSVP Rule에 대한 미시행 부분이나 시정할 부분이 있으면 거기에 대해 수입업자는 FDA 조사관과 논의하여 시정할 수 있다. FDA는 공공 위생 안전에 영향을 미칠 수 있는 위반에 초점을 둘 것이다.

FDA에 대응하기 위해서는 QI나 QI의 휴가 시 대체할 백업 인원이 있어야 한다. 담당자가 휴가거나 출장 중이라고 해서 수입자의 책임이 지연되거나 면제되는 것이 아니다.

만약 FDA가 나온다면 어떻게 응대할 것인지 미리 계획을 짜 놓는 것이 좋다. 누가 응대할 것이며 관련 서류 번역은 어떻게 할 것인지, 위반 사항이나 부족 사항 등에 대해 어떻게 대답할 것인지 미리 생각해 놓으면 좋다.

FDA 조사관이 나오면 최대한 호의적이고 우호적으로 응대해야 한다. 시정 사항에는 얼마간의 시간 내에 시정할지 조사관과 상의하고 FDA에서 요구한 시정 사항을 서면으로 기록하여 보관해야 한다. 만약 시정하는 데 시간이 더 필요한 경우에는 솔직하고 합리적으로 설명하여 연기 신청을 해야 한다.

만약 정해진 시간에도 시정되지 않으면 FDA에서는 경고장(Warning Letter)을 보낼 수 있다. FDA의 경고장에도 불구하고 FSVP를 시행하지 않으면 수입자는 수입 경보(Import Alert)에 올려질 수 있다. 수입 경보란 FDA 직원 및 공공에게 DWPE(Detention Without Physical Examination)된 수입식품이 FDA 규정과 법을 위반한 충분한 근거가 있을 때 공개하는 리스트이다. 이 경우에 FD&C Act Section 801(a)(3)에 의해 수입되는 물건이 'Detention without Physical Examination(DWPE)'에 걸릴 수 있다.

수입 경보에 올라가면 수입되는 식품이 규정을 준수하고 있다는 것을 수입시마다 매번 증명해야 한다. 또한 FSVP를 준수하지 않은 물건을 수입해 유통하면 FD&C Act Section 805에 의해 민사 및 형사 처벌의 대상이 될 수 있다. FSVP 위반 시에 FDA로부터 수입 물건의 반송 조치, 압수, 폐기, 리콜 등의 조치를 당할 수 있다.

(1) 실제 FDA FSVP 방문 시 서류 예(사례 연구)

A 업체는 캔디류 수입업체로 FDA 조사관(Investigator 라고 함)이 방문하여 FSVP 시행 여부를 묻고 일부 제품 라벨링에 대해 오류를 지적하였다.

Follow-up 절차는 다음과 같다.

> 조사관 방문 및 Form 482d 와 483a 의 발급 → FDA 에서 Official letter 송부 → Response Letter to FDA(수입업자) → Ackowledge Letter from FDA

이 Case 의 경우에는 두 가지 지적 사항이었는데 하나는 라벨링에 색소 이름과 제품 Specification sheet (제품규격서)에 색소 이름이 틀려서 시정 조치를 하라는 것이었고, 또 하나는 FSVP 시행을 하라는 명령이었다.

조사관은 15 일 안에 응대할 것을 요구하였다. A 업체는 FSVP 컨설턴트에 연락하여 FSVP set-up 및 FDA 의 응대 요령을 문의하였다. 컨설팅 업체는 FSVP 를 셋업하고 제품 및 해외 공급자 평가를 하였고 라벨링 검토를 통해 문제점을 시정하였다. 이후 FDA 에 공식 레터(회사 이름이 들어간 레터헤드 및 사인이 있어야 함)를 보냈고 FDA 에서는 승인서 (Ackowledge Letter)를 발송하여 시정 조치를 마무리하였다.

FDA 조사관 방문 시 서류

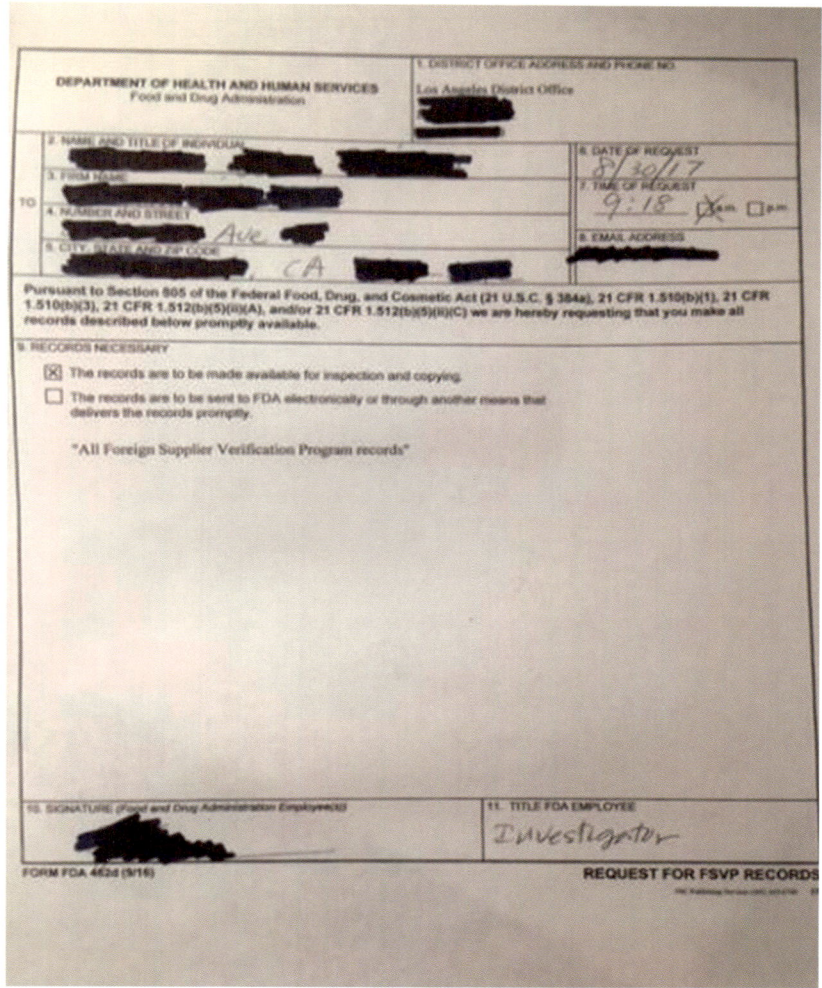

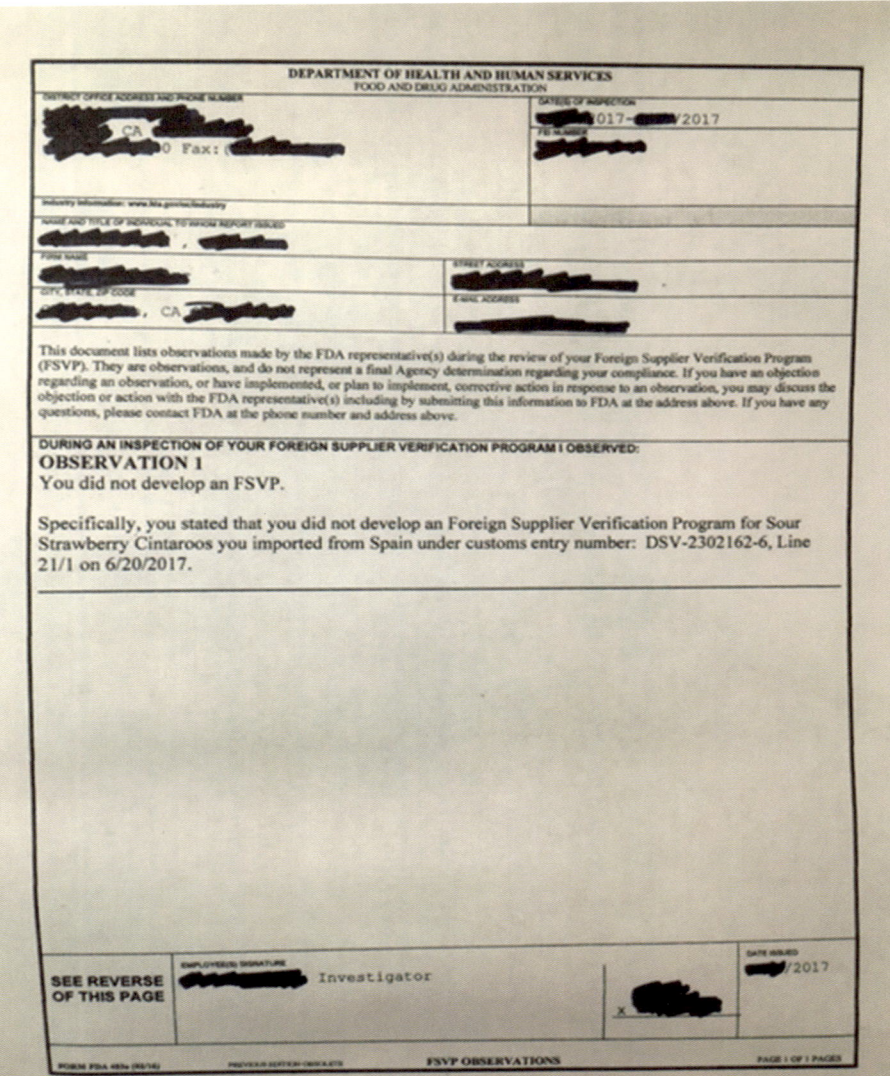

다음 사진은 앞의 응대 레터에 대한 FDA의 편지로, 응대한 서류를 잘 접수하였고 향후 실사에 응대한 서류도 고려 대상으로 삼겠다는 편지이다. 그 이후의 액션은 필요 없다.

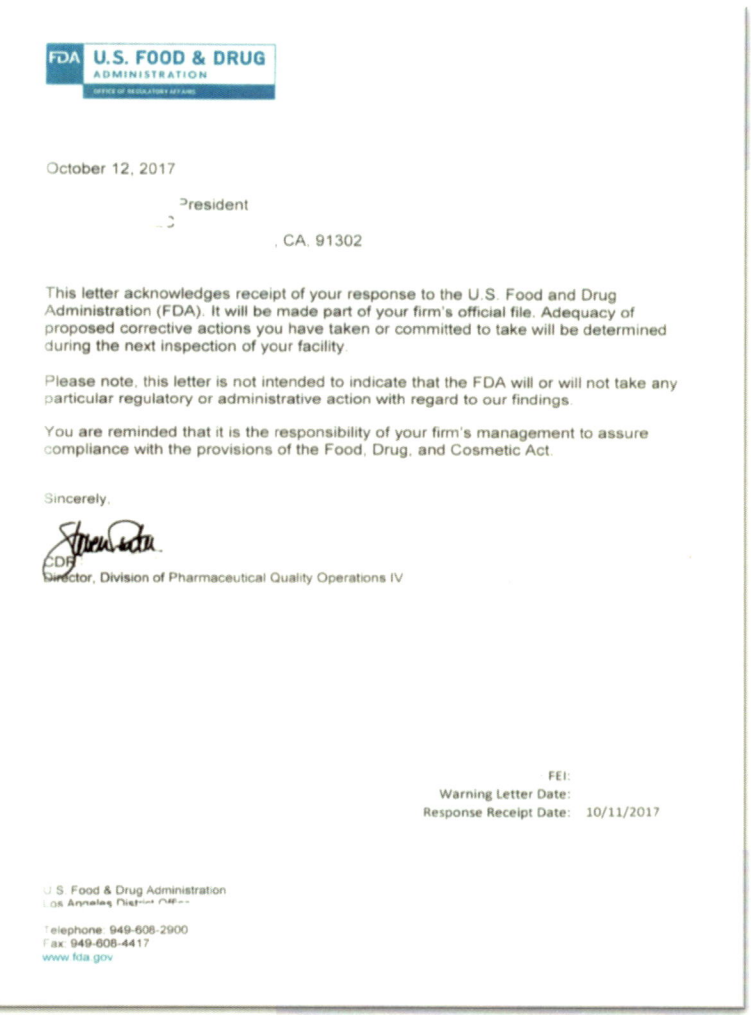

FDA에서 온 FSVP 홍보 레터. 이 경우 별도의 응대는 필요 없으나 반드시 FSVP를 셋업하고 시행해야 한다.

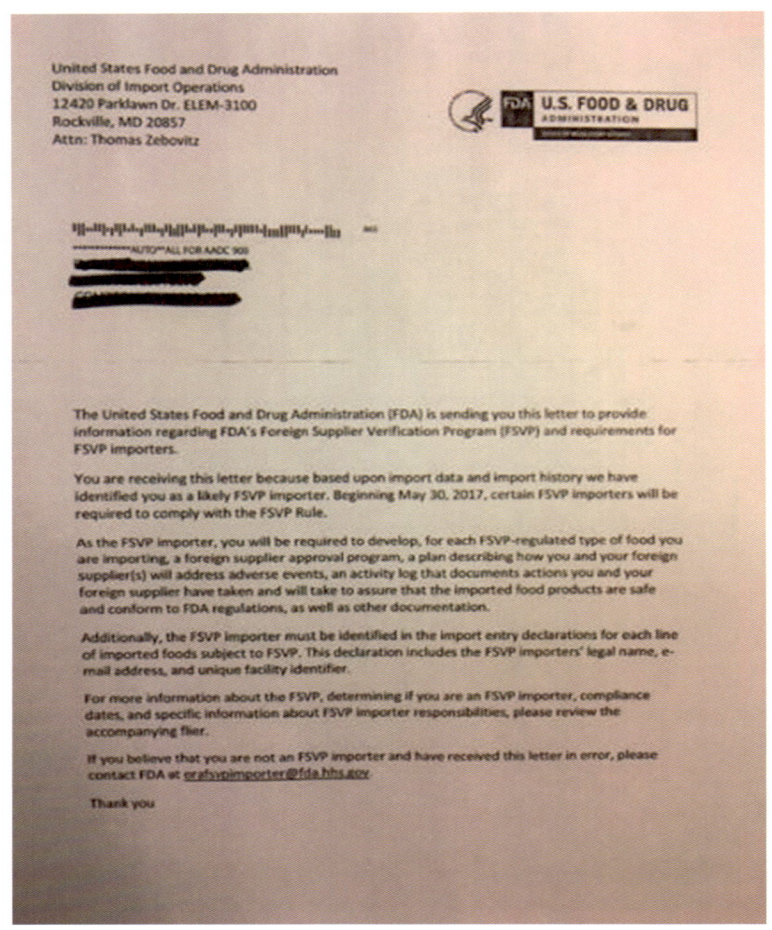

(2) FSVP 실사 동향 및 전망

2017년부터 FDA에서는 무작위로 수입업자를 방문하여 FSVP를 시행하고 있는지 실사를 시작하였다. 현재 FSMA 세부 규정이 나오고 있는 상태라 FDA 내부에서도 조사관들이 교육을 받고 있다. 일부 수입업체는 FSVP에 대한 정보도 부족하고 설마하는 마음으로 아무 준비 없이 수입하고 있는 것이 현실이다.

FSMA 법 취지상 FDA는 국내와 해외 제조자 또는 농산물 재배자에게도 동일하게 새로운 규정을 적용할 예정이다. 특히 트럼프 정부는 수입 장벽을 높이는 추세라 FSMA 및 FSVP가 좋은 명분이 될 수 있다.

미국 내 한국 식품 유통 업계의 현실상 매우 경쟁적인 구조로 마진이 높지 않은 상황에서 FSMA나 FSVP는 부담이 아닐 수 없다. 그러나 미국 내 주류 유통 업체나 미국 대형 수입업체는 FSVP와 같은 내부 규정을 많이 시행하고 수입업체에게 FSVP를 요구하는 경우가 있다. 한국 수입업체들이 대형 주류 유통 업체와 경쟁하거나 협업을 이루려면 미국에서 요구하는 기준을 준수할 필요성이 높다.

종종 미국 주류 업체에서는 한국 수입업체에게 FSVP를 시행하고 있는지 물어보고 거래하는 경우가 많다. 또한 FSVP 뿐만 아니라 업계 식품 기준이 GFSI(SQF, BRC, etc) 등의 인증을 요구하는 사례도 있다.

미국 내 한인 식품 업체뿐 아니라 한국 내 제조자 및 농산물 재배자도 이제는 FSMA를 시행해야 한다. 아직 많은 한국 수출업체들이 FSMA나 FSVP에 대한 인지가 없으므로 미국 내 한국 식품 수입업자들이 FSVP를 해도 관련 서류를 받기 힘들고 왜 서류를 요구하느냐 등등의 어려움이 따르고 있다.

한국 정부 유관 기관의 정보 수집과 업체에 대한 홍보(세미나, 관련 보고서, 홍보 책자 등)가 절실하다. 최근 한국에서 발생하는 여러 식품 위생 문제를 고려하면 이제 한 단계 높은 국가 차원의 식품 관리 규정이 필요한 때이고 미국의 FSMA 법안은 좋은 벤치마킹 대상이 될 수 있을 것이다.

이 매뉴얼의 주요 목적은 FSVP의 주제를 다루는 것이므로 FSMA의 모든 것을 담을 수는 없지만 적어도 FSVP에 대한 대응 전략과 방법의 참고서를 만들었다고 생각된다. FDA에서는 사내 자체 전문가가 없는 경우에는 외부 전문가를 공인 전문가(Qualified Individual)로 써도 된다고 권장하므로 전문가의 조언이 시간을 절약해 줄 것이다.

식품 위생이 글로벌 이슈로 이어지는 이상, 이제는 한국 업체들도 미국의 기준을 겨우 따르는 것이 아니라 시장을 선도할 수 있는 식품 위생 기준을 준수하는 적극성을 보여야 할 때이다. 이를 위해서는 정부 기관과 민간 업체, 각종 협회 등이 힘을 합쳐 스마트한 방안을 모색해야 할 것이다.

> *자주 묻는 질문*
>
> Q. 해외 공급자가 HACCP 인증이나 다른 식품 위생 프로그램이 있으면 FSVP의 요건을 충족하나요?
> A. 아닙니다. HACCP이나 다른 식품 위생 프로그램의 문제점을 보완해서 만든 것이 FSMA이고 특히 인간용 식품의 경우에 PC Rule for Human Food 와 Produce rule(농산물의 경우)이 적용됩니다. 수입자는 해외 공급자가 FSMA를 포함한 미국 식품 위생 규정들을 충족하는지 확인해야 할 의무가 있습니다.
>
> Q. FSVP는 해외 공급자로부터 관련 서류만 모아 두면 끝인가요?
> A. 많은 수입자들이 해외 공급자로부터 서류를 모으면 된다고 생각하는데 서류를 검토하여 해외 수출자가 미국 기준에 맞추어 생산하는지 검토해야 합니다. 해외 공급자는 예방통제 규정(Preventive Controls for Human Foods or Animal Foods)이나 농산물 규정(Produce Safety Rule)에 해당될 수 있으므로 품목별로 해당 사항을 검토하고 제품별로 미국에서 요구하는 위해요소 분석 및 해외 공급자가 적절하게 위해요소를 파악하여 서면 기록으로 남겨야 합니다. 그리고 해외 공급자 인증과 제품 위해요소 분석·통제를 어떻게 할 것인지에 대해 서면 절차를 가지고 있어야 합니다.

10) FSVP 시행에 따른 통관과정 변동사항

FSVP 변동으로는 수입 시에 관세사가 DUNS#를 entry 시 사용한다는 점 외에는 통관 진행은 기존과 같다. DUNS#의 경우에 Dun & Brad Street 에서 무료로 발급하고 있다. FSVP의 시행 여부는 통관과 상관 없이 FDA 조사관의 수입업체 방문 또는 이메일, 편지 등의 연락으로 시행 여부를 확인한다.

FSVP 외에 일반적으로 식품 수입 시 고려 사항으로는,

- 라벨링: 최근 개정된 라벨이 트럼프의 명령으로 시행일이 무기한 연기되었다. 기존의 라벨과 새로운 라벨 둘 다 사용이 허용된다.
- USDA permit: 농수산물 및 육류의 경우에는 USDA 관할이므로 수입 시에 필요한 허가(Permit)를 미리 받아야 한다.
- HACCP: 수산물의 경우 FDA HACCP 이 적용되므로 HACCP 인증된 업체로부터 수입하여야 한다.
- 저산성 식품(Low Acid Can Food): 저산성 식품의 경우 FCE/SID filling 을 하여야 한다.
- 건강보조식품: 건강보조식품은 Dietary Supplement cGMP 를 준수하는지 확인해야 한다. 건강보조식품도 FSVP 에 포함되는데, 단 수출자가 미국 FDA 에서 규정한 Dietary Supplement cGMP 를 준수해야 한다(21 CFR part 111).

11) 통관 시 FDA 관련 문제 발생 시 조치 사항

수입 경보는 FDA 직원이 해당 수입 제품이 FDA 법규 및 규정을 위반했다고 보이는 제품에 대해 Detention Withouot Physical Examination(DWPE)을 허용할 충분한 증거를 가지고 있다고 FDA 내부적으로 그리고 공개적으로 알리는 것이다. 이러한 위반은 제품, 생산자, 선적자와 연관되어 있는 것일 수 있다. 수입자는 제품을 수입하기 전에 FDA Import Alerts 웹사이트에서 해당 제품이 DWPE 에 해당되는 제품인지 살펴보아야 한다.

수입 경보(Import Alerts)에 올라가는 사례를 들면 2007 년 미국에 수입된 애완견 사료의 라벨에 'Wheat gluten' 또는 'Rice protein concentrate'로 표기된 성분에서 멜라민 성분이 나왔고 이후에는 FDA 가 Import Alert #99-29 "Detention without Physical Examination of All Vegetable Protein Products from China for Animal or Human Food Use Due to the Presence of Melamine and/or Melamine Analogs."를 문제화하게 되었다. 또 많은 경우 불법적인 색소나 표기되지 않은 색소로 인해 FDA 는 Import Alert 45-02 "Detention Without Physical Examination and Guidance of Foods Containing Illegal and/or Undeclared Colors."를 발표하게 된다.

수입 경보의 목적은 잠재적으로 FDA 규정을 위반할 수 있는 식품의 미국 내 유통을 막는 것으로, FDA 인력의 효율적인 감독과 전국적이며 일관적인 수입식품을 통제하고, 수입자로 하여금 FDA 규정에 맞는 식품을 반입하게 하는 것이다. 수입 경보는 국가별·지역별, 산업별, 넘버별, 최종 출판일 등으로 검색할 수 있다.

만약 해당 식품이 DWPE에 걸리면 수입업자는 위반 사항에 대해 항변할 증거를 제출할 권리가 있다. 만약 위반 사항에 항변할 증거가 없다면 선적 물품은 거절(Refusal)될 수 있다. 경우에 따라서는 DWPE에 걸렸을 때 Private laboratory report를 제출할 수 있다. 그렇다고 제3자 기관의 시험 성적서를 제출해도 압류(Detention) 물품이 반드시 해제(Release)되는 것은 아니다.

(1) Red, Green, Yellow List

Red list는 회사나 제품 또는 국가가 수입 경보(Import Alerts)상 DWPE에 해당되는 경우이다. Green list는 회사나 제품 또는 국가가 수입 경보상에 DWPE의 면제 조항을 만족시키는 경우이다. 수입 경보의 지침대로 따랐을 때는 면제 조항을 만족시킬 수 있다. Yellow List는 회사나 제품 또는 국가가 강화된 감시 조항에 해당돼 회사가 비록 GMP 등의 규정을 충족시켜도 제품의 현장 조사와 추가 정밀 검사 등의 조치가 필요한 제품이 해당된다.

(2) FDA가 Red list에 추가 또는 Green list에서 제외하는 경우

FDA는 제품이나 회사나 기준에 못 미치거나 수입 경보 조건에 부합하는 경우에는 Red list에 추가 또는 Green list에서 제외할 있는 권한이 있다.

예를 들어,
- FDA가 샘플링하여 시험하였는데 전염성균이 발견된 경우
- FDA가 샘플링하였는데 불법적인 색소나 첨가제가 발견된 경우
- 제품이 미국에서 허용되지 않는 살충제나 허용 기준치를 넘긴 경우
- 회사가 Green List에 올리기에 충분한 자료를 제출하지 않은 경우
- 제품이 허가되지 않은 약품일 경우
- FDA 실사에서 위반 사항이 있는 경우
- 해외 공장이 FDA 실사를 거부한 경우

위반 정보와 리스트 이동에 대한 추천 사항은 FDA의 Division of Import Operations(DIO)와 필요에 따라 지역센터로 보내진다. DIO와 지역센터(경우에 따라)는 수입 경보에 대한 리스트 변경 사항을 결정하게 된다.

(3) Detention

선적된 수입식품이 FDA 법규와 규정을 위반한 경우에는 FDA가 해당 식품을 압류(Detention)하고 FDA 조치서(Notice of FDA Action)를 수입업자에게 통보할 수 있다. 압류 대상은 제품이 오염되었거나 해당 기준에 못 미치는 경우, 과장 광고·허위 표시 등 라벨상 문제가 있는 경우, 허가되지 않은 약품, 비위생적인 조건에서 생산·가공·포장된 경우, 수입이 제한 또는 금지된 국가에서 수입된 경우 등이다.

제품이 압류된 경우에는 위반 사항을 부정할 증거를 제출하거나 위반 사항을 시정할 조치 사항을 신청해야 한다. 만약에 위반 사항을 극복할 조치를 할 수 없다면 물품을 폐기 처리하거나 90일 이내에 반송 처리해야 한다. 90일을 넘겨서도 아무런 조치를 취하지 않으면 CBP는 선하증권(Bond)에 대해 손해배상 청구를 할 수 있다. 90일이라는 기간은 연장될 수 없다. 청문회는 압류를 시정할 기회로 이메일 교환, 전화 또는 미팅 등의 형태가 있으며 법원 직원(Hearing officer)은 압류와 청문회(Notice of Detention and Hearin)상의 준법감시인(compliance officer)에 해당한다.

(4) Testimony

증언(Testimony)이란 압류 위반 사항을 반박하기 위해 제출하는 정보를 말한다. Testimony는 이메일, 전화, 팩스, 인쇄물(hard copy) 등의 방법이 있고 준법감시인에게 보내져야 한다. 응답 기일(Respond by date) 안에 증언을 제출하여야 한다. 보통 10영업일을 허락하며 경우에 따라서 휴일이 낀 경우에는 20영업일까지 허용하는 경우가 있는데 각 압류 청문회 통지서(Notice of Detention and Hearing)상의 마감 날짜를 잘 살펴서 답변을 보내야 한다. 만약 정해진 기일 안에 답변이 오지 않으면 해당 선적을 거절당할 수 있다. 시간이 더 필요하면 연장을 요청할 수도 있다.

FDA와의 소통은 화주, 소유인, 기록상의 수입자 또는 대리인 등이 할 수 있다. 대리인은 반드시 화주, 소유인, 수입자의 허락을 받아야 한다.

(5) 수입식품이 거절되는 경우

- FDA Notice of Detention and Hearing에 대해 정해진 시간(통상 10영업일) 내에 응답하지 않은 경우
- FDA에 대해서 위반 사항을 반박할 증거를 제출하였지만 FDA의 판단에 그 증거가 충분하지 않은 경우

거절(Refusal) 결정에 대해서는 FDA의 실수에 의하지 않는 한 항소(appeal)할 수 없다. FDA Website의 Import refusal report(IRR)에 가면 거절 목록(Refusal list)을 국가별, 지역별, 제품별로 열람할 수 있다.

(6) 수입 경보(Import Alert)에서 빠져나오기/Red List 해제/Green List 등재

DWPE에서 제품 또는 회사를 빼내기 위해서는 명백한 위반 조건이 해결되고 FDA가 향후 승낙에 확신을 가질 수 있다는 증거를 제시하고 FDA의 법률 및 규정을 준수해야 한다.

대부분의 수입 경보에 대해 DIO(Division of Import Operations)에 DWPE에서의 청원서를 제출할 수 있다. 청원할 때 준수하는 특별한 양식은 없다. 청원서에서는 회사가 수입 경보에 처하게 되는 문제를 방지하기 위해 회사가 취한 시정 조치 및 조치를 설명해야 한다.

개별적인 수입 경보에는 DWPE로부터의 제거에 관한 특정 정보가 포함될 수 있다. 요청에 대한 수입 경보를 검토하고 요구되는 모든 문서를 제출해야 한다. 각주에 참조된 링크[34]에서 FDA의 수입 경보에 접근할 수 있다.

대부분 수입 경보의 경우 미국으로 발송된 후 최소 5건의 제품에 관한 정보를 제공한 후 더 이상 위반 사항이 분석되거나 발견되지 않아야 한다. 청원 신청에 필요한 서류로는 송장, 포장 목록, 선하증권, 미국 세관 양식 3461 또는 미국 세관 양식 7501(수작업·서류 입력에만 필요) 등이다.

또 의무적인 것은 아니지만 청원서 검토가 신속하게 이루어지도록 수입자·제조자·발송인·제품이 적색 목록에서 제거되거나 수입 경고의 초록 목록에 추가됨을 요청하는 진술, 수입 경고 번호 제공, 제조자 또는 재배자의 이름과 주소 제공, 출하된 출고 목록 번호 등의 정보를 표지에 포함시켜야 한다.

---

[34] http://www.accessdata.fda.gov/cms_ia/ialist.html

7.
제 3 자 인증제도
(Third party certification)

이 프로그램은 외국 식품 시설에 대해 감독하고 인증 발행 절차를 규정한 항목이다. 외국 시설을 심사할 기관(Third-party certification body)과 심사할 기관을 평가하고 인증할 심사평가 기관(Third-party accreditation body)에 대한 규정이다. 경우에 따라서는 FDA 가 직접 심사 기관(Third-party certification body)에 대한 인증(accredition)을 할 수도 있다. FDA 는 차후 심사 기관 및 심사평가 기관이 기준에 못 미칠 때는 등록을 취소할 수도 있다.
제 3 자 인증제도가 쓰이는 곳은 2 가지이다. 하나는 자발적으로 VQIP 을 이용하는 방법과 FDA 의 직권으로 미국 소비자의 안전을 해칠 수 있으면 직권으로 인증을 받은 후에 미국으로 수출하게끔 하는 제도이다. 특별히 VQIP 제도는 다음과 같다.

1) VQIP(Voluntary Qualified Importer Program) - 자발적 적격 수입자 프로그램

FDA 에서는 위해요소 통제와 바이오 시큐리티, 공급망 관리 수준이 기준을 넘는 업체에는 VQIP 를 실시하여 빠른 통관이라는 혜택을 주기로 하였다(FD&C Act section 806). 해외 공급자에 대해서는 FSMA 규정 중의 하나인 제 3 자 감독(Third-party audit)을 통해 인증을 발급받고 수입자는 인증된 공급업자로부터 수입한다는 것을 심사받는다.
VQIP 시행 시에 받을 수 있는 혜택으로는 i) 통관 수속의 신속화, ii) FDA 의 무작위 샘플링 횟수 제한(예를 들어, 공공 위생 안전에 위해가 있을 경우에), iii) FDA 샘플링 시험 결과의 신속한 처리, iv) FDA 는 VQIP Importers Help Desk 를 신설하여 VQIP 참가 수입업자를 신속히 돕는 이점이 있다.
자격 요건으로는 i) 최소한 3 년 이상의 수입 기록이 있어야 하고, ii) DUNS #, iii) 최근 FDA Filer Evaluation 의 승인을 받은 브로커나 파일러(filer)를 써야 하고, iv) VQIP 신청 당시에 Class I recall 이나 DWPE(Detention Without Physical Exemption)에 해당되지 않

아야 하고, v) 현재 FDA 와 법적인 소송이나 행정 절차에 있는 경우에 해당하지 않아야 하고, vi) 현재 FSVP 나 HACCP 에 해당하는 제품(수산물, 주스)의 경우에는 해당 규정을 준수하고 있어야 하고, vii) 해외 공급업자가 FSMA Third-party audit certification 을 가지고 있어야 하고, viii) 수입업자는 VQIP Quality Assurance Program(QAP)을 서면으로 준비해야 하며, ix) 최근 3년 동안 CBP 에서 페널티나 어떤 법적 조치를 당하지 않아야 하며, x) 매년 10월 1일 이전에 VQIP Fee 를 납부해야 한다.

신청은 온라인[35]으로 하며 매년 1월 1일에서 5월 31일까지 신청하고 승인되면 다음해 10월 1일부터 시행된다(10월 1일이 회계연도).

2) VQIP 신청서 내용

VQIP 신청서는 다음과 같은 섹션으로 나누어진다.
- Section A. Applicant and Firm Information(회사 정보)
- Section B. Foreign Supplier Verification Program and Hazard Analysis and Critical Control Point Importer Information(FSVP 및 HACCP 정보)
- Section C. Quality Assurance Program(QAP: 품질 관리 프로그램)
- Section D. Filer/Broker Information(통관사 정보)
- Section E. Foreign Supplier Facilities and Foods(외국 공장 시설 정보)
- Section F. Comments(코멘트)
- Section G. Summary(요약)
- Section H. e-Signature(서명)

QAP(Qualtity Assurance Program)의 내용은 다음과 같다.
Ⅰ. Table of Contents(목차)
Ⅱ. Corporate Quality Policy Statement(회사 품질 정책 진술)
Ⅲ. Organizational Structure and Functional Responsibilities(조직 편성표 및 책임)
Ⅳ. Food Safety Policies and Procedures(식품 위생 규정 및 절차)
Ⅴ. Food Defense Policies and Procedures(바이오 테러리즘 관련 식품 보호 정책 및 절차)

---

[35] www.access.fda.gov

8.
식품 테러 보호
(Food defense)

1) 개요

2001년 9월 11일 테러 이후 Bioterrism Act에 의해 모든 식품 가공·제조·보관 시설에 대해 FDA Food Facility Registration을 하도록 하였다. 하지만 등록만으로는 식품 시설에 대한 보호가 충분하지 않다고 판단하고 최근 전세계가 테러 위협에 노출되면서 국내외의 식품 시설에 대해 FSMA의 한 카테고리로서 Food Defense(또는 Intentional Adulteration) 규정을 제정하여 시행할 예정이다.

시행일로는,
- 일반: 2019년 7월 26일
- 종업원 500명 이하 회사: 2020년 7월 27일
- 연매출 1000만 달러 이하 소규모: 2021년 7월 26일

의도적인 오염(Intentional Adulteration·IA) 행위에는 다음과 같은 여러 형태가 있을 수 있다.
- 식품 공급에 중점을 둔 테러 행위와 같은 광범위한 공중 보건상 피해를 입히려는 행위
- 불만을 가진 직원, 소비자 또는 경쟁자의 행위 경제적 동기의 오염(EMA)
- 광범위한 공중 보건상 해를 입히려는, 중대한 인체 유병률 및 사망률을 야기할 의도의 행위

일반적으로 폭력적인 공중 보건상 피해를 입히려는 의도는 없지만 공중 보건상의 위해는 혼입으로 인해 발생할 수 있다. 예를 들어 불만을 가진 직원, 소비자 및 경쟁 업체의 행위는 일반적으로 회사의 평판을 공격하기 위한 것이고 EMA는 경제적 이익을 얻기 위한 것이다. 의

도적으로 식품을 오염시키는 것과 관련된 위험의 범위에서 인간에 대한 광범위한 공중 보건상 해를 입히려는 공격은 가장 큰 위험으로 평가된다.

따라서 IA 규칙은 불만을 가진 직원, 소비자 또는 경쟁 업체의 행위나 EMA 의 행위가 아닌, 테러로 인한 오염을 방지하는 데 초점을 맞추고 있다. IA 의 FDA 최종 규칙에서 언급했듯이 IA 규칙에 의해 요구되는 보호는 실행 가능한 프로세스 단계에서 의도적으로 불법 행위를 시도하여 광범위한 공중 보건상 피해는 주지 않지만 불만을 가진 직원, 소비자 또는 경쟁자의 성공 가능성을 최소화하는 데 도움이 된다(81FFR 34183).

2) 면제 대상

- Very Small Business: 인간용 식품을 판매하며 3 년 평균 1000 만 달러 미만
- 액체 상태의 탱크에 저장된 식품
- 컨테이너 용기에 보관된 식품의 제조, 보관, 라벨링 등의 작업을 하는 경우
- 알코올 음료
- 동물용 식품
- 농장
- 계란이나 Game meat(사냥용으로 포획된 고기)를 취급하는 중소기업(이 품목만 취급)

3) 식품 보호 계획(Food Defense Plan)

해당되는 시설에 대해서는 취약성 분석(Analysis of Vulnerabilities)과 완화 전략(Mitigation Strategies)을 포함한 서면으로 된 식품 보호 계획을 가지고 있어야 한다.

취약성(Vulnerability)은 제조 공정에서 의도적으로 오염될 수 있는 지점, 단계 또는 절차의 취약성을 의미한다. 완화 전략(Mitigation Strategies)이란 식품 방역에 대해 잘 알고 있는 사람이 실용 가능한 프로세스 단계에서 확인한 심각한 취약성을 현저하게 최소화하거나 예방하기 위해 사용하는 위험 기반(Risk-based)의 합리적이고 적절한 조치를 의미하며, 이는 식품 안전성에 대한 현대 과학적 이해와 연결되어 있다.

식품 방어 계획은 크게 다섯 개의 모듈로 구성되어 있다.

- 취약성 분석
- 완화 전략(Mitigation strategies)
- Food defense 모니터링
- Food defense 시정 조치(corrective action)
- Food defense 검증(verification)

4) 식품 방어 공인 전문가(Food Defense Qualified Individual)

IA 규칙은 다음과 같은 활동을 수행하거나 감독하는 개인에게 특별한 자격을 요구한다.
- FDP 준비
- 취약성 평가 수행
- 완화 전략의 식별과 설명
- 재분석의 수행(21 CFR 121.4(c)(3))

이러한 개인은 다음 요구 사항을 충족해야 한다.
(1) 활동을 적절하게 수행하는 데 필요한 교육, 훈련 또는 경험(또는 그 조합)과
(2) FDA 가 적절하다고 인정한 표준화된 교과 과정에서 받은 것과 동등한 특정 기능에 대한 훈련을 성공적으로 완료하거나 활동을 수행하기 위해 직업 경력을 통해 자격을 갖추어야 한다. 직업 경력은 FDA 가 인정한 표준화된 커리큘럼(예: 식품 안전 예방통제 동맹(FSPCA)에서 사용되는 커리큘럼)을 통해 제공되는 지식과 적어도 동등한 지식을 가진 개인이 제공하는 훈련). (21 CFR 121.4(c)(1) 및 (2))
또한 담당자에 대하여는 교육, 훈련 그리고 일정한 자격 요건을 요구하고 있다. 적어도 3 년마다 Food Defense Plan 에 대하여 재평가를 하도록 요구하고 있다.
취약성 분석(Vulnerability Assessment)은 Food Defense 에 대해 외부의 접근 가능성에 취약한 지점, 단계 또는 절차를 파악해 취약 부분을 보완할 수 있는 조치 가능한 과정 단계(Actionable process step)를 말한다. 취약성 분석에는 3 가지의 요소를 단계별로 평가해야 한다. 첫째는 잠재 가능한 공공 위생 영향(예를 들어 심각성과 등급), 둘째는 제품에의 접근 가능성 정도, 셋째는 침입자의 제품 오염에 대한 성공 가능성을 고려해야 한다.
이외에 다른 요소도 첨가하여 평가할 수 있지만 이 세 가지는 필수 고려 사항이다. FDA 에서는 어떠한 특정한 방법을 제시하여 취약성 평가를 하도록 지침을 주지 않지만 3 가지 요소를

포함한 내용으로 하면 되고 내부자의 공격도 포함할 수 있다. 평가자는 교육, 훈련 그리고 경험을 갖춰야 하지만 꼭 내부인일 필요는 없다(외부 컨설턴트 가능).

완화 전략(Mitigation Strategies)은 Food defense 를 위해 외부 침입자에 의한 제품 오염을 막기 위한 전략을 세우고 점검, 시정 조치, 인증 활동을 해야 한다.

지정된 활동을 수행하는 데 참여하는 개인이 귀하의 직원일 필요는 없지만 질문이 있을 경우 전문 지식과 통찰력을 제공할 수 있는 직원 한 명 이상을 보유하는 것이 유익할 수 있다. 계획을 갱신해야 하는데 그러한 직원이 없는 경우 지정된 활동을 수행하기 위해 시설 외부 직원을 입회시킬 수 있다.

5) 취약성 평가

취약성 평가는 식품 시설에서 제조, 가공, 포장 및 보유되는 각 종류의 식품에 대한 취약성 및 실행 가능한 공정 단계를 확인하는 것이다. 해당 시설의 공정 중 각 요소, 단계 또는 절차에서 반드시 다음 부분이 평가되어야 한다.
- 공중 보건에 대한 잠재적 영향의 심각성 및 규모: 여기에는 제품의 용량, 1 회 분량 수, 노출 횟수, 식품의 유통 체계 이동 속도, 잠재적 우려 물질 및 각 식품의 감염량·치사량 그리고 발생 가능한 질병 수와 사망 수 등에 대한 고려가 포함된다.
- 제품에 대한 물리적 접근의 정도: 고려할 사항에는 정문, 철책, 문, 뚜껑, 봉인, 보호막 등 물리적 장벽의 존재가 포함된다.
- 제품을 오염시킬 수 있는 능력

6) 완화 전략(Mitigation Strategies)

이들 전략은 각 실행 가능한 공정 단계에서 확인되고 실시되어 취약성이 최소화되거나 방지됨을 보증해야 한다. 완화 전략은 반드시 해당 시설 및 해당 절차에 최적화되어야 한다.
- 최종 규칙에서는 '일반적'과 '집중적' 완화 전략 사이의 구분이 제거된다. 원래의 제안에서는 집중적 완화 전략만 요구되었는데 그 이유는 시설 주위의 울타리 등 일반적 완화 전략은 내부자에 의한 공격으로부터 특정 요소를 보호하지 않기 때문이다.

- 최종 규칙은 완화 전략이 실행 가능한 공정 단계를 내부자 공격으로부터 보호하기 위해 규제된 그리고 적절한 방법으로 적용하는 경우 고의적 불순품의 위험을 충분히 최소화할 수 있음을 인식해야 한다.

■ 완화 전략 관리의 구성 요소

반드시 각 완화 전략을 적절히 실시할 수 있게 조치를 취해야 한다. 최종 규칙은 식품 시설이 이들 각 식품 방어 분야에서 해당 사업 및 제품에 가장 적절한 조치를 확립할 수 있는 보다 큰 유연성을 제공한다.
- 모니터링: 완화 전략의 모니터링에 대한 수행 빈도 등 절차의 확립 및 실시
- 시정 조치: 완화 전략이 적절히 실시되지 않을 경우의 대응책
- 검증: 검증 활동은 모니터링이 수행되고 시정 조치에 대한 적절한 결정이 내려지도록 해야 한다.
- 교육 및 기록 보관: 시설은 반드시 취약 부문에 배정된 직원들이 적절한 교육을 받도록 해야 하며 식품 방어 모니터링, 시정 조치 및 검증 활동에 대한 기록을 유지해야 한다.

9.
위생적 운송
(Sanitary transportation)

첫 시행일은 2017년 4월 16일이다(500명 이하의 중소기업은 2018년 4월 16일). Sanitary Food Tranport Act(SFTA)는 FSMA 중의 하나로 냉동식품의 운송 중 오작동, 운송 차량의 비위생적 관리, 식품의 비위생적 운송 등 식품 안전에 대한 위험을 막기 위해 생긴 규정이다.

1) 누가 이 규정을 지켜야 하나?

몇 가지 예외가 있지만 화주(Shipper), 선적자(Loader), 수취자(Receiver), 운송자(Carrier)가 해당되며 소비될 식품이 미국에 철도, 육로, 해상, 항공기 등으로 들어오는 경우에 해당된다. 수출을 위한 식품 운송에서도 항구나 국경선을 통과하기 전까지는 해당된다.

2) 예외 규정

- 연간 매출이 50만 달러 이하인 화주, 선적자, 수취자, 운송자
- 농장에 의한 운송일 때
- 미국을 경유하여 다른 나라로 가는 경우
- 다른 나라에 수출하기 위하여 미국에 수입된 경우
- 식품에 사용되는 가스(이산화탄소나 질소)나 식품 포장재
- 동물용 식품으로 생산된 부산물
- 식품이 완전히 봉인(seal) 된 용기에 담긴 경우(냉동·냉장 식품은 예외없이 적용)
- 살아 있는 동물(예외 Molluscan shellfish)

3) 해야 할 것들

FDA에서는 조만간 화주, 선적자, 운송자, 수취자를 대상으로 실사를 할 예정이다. 초기 단계 실사에서는 업계의 준비 상황을 점검하고 정보를 제공해 규정 준수를 돕는 것이다. 현재 FDA에서는 현장 조사관을 교육시키고 있다. 먼저 화주(Shipper)에 위생적 운송을 위한 1차적 책임이 있다. 만약 선적자와의 협의가 있어 운송자가 책임지는 경우에 운송자는 직원 교육 기록을 보관하고 보여 주어야 한다. 운송자는 제3자 기관에 의뢰하여 직원을 교육시킬 수 있다. 이 교육 기관은 FDA에 의해 인증받은 교육 기관일 필요는 없다. FDA에서는 Free training module을 개발했다. 이곳에서 온라인 교육을 받으면 certificate가 이수된다.[36]

① 차량 및 운송 수단은 식품을 위생적으로 운송할 수 있도록 디자인되고 관리되어야 한다. 만약 즉석식품(Ready-to-eat)의 원재료(Raw food)일 경우에는 비식품 품목 선적 후에 교차오염을 방지해야 하고 특히 알레르기의 경우에는 교차오염이 안 되도록 청소하거나 같은 알레르기의 운송을 피해야 한다.

② 운송업체 직원들은 잠재적 식품 오염을 인지하고 기본적 식품 위생 관리를 할 수 있게 교육을 받아야 한다. 훈련은 반드시 서면으로 기록해서 보관해야 한다. 운송자와 선적자 사이의 교신 내용, 서면 절차, 승인, 교육 자료는 서면으로 남겨 두어야 한다.

③ 운송 업체와 운송 업체 계약이 체결된 경우 운송 업체의 특정 요구 사항
• 운송인은 차량 및 운송 장비가 발송인의 규격을 준수하는지 확인하고 그렇지 않으면 운송 작업 중에 식품이 안전하지 않게 되는 것을 방지해야 한다. (21 CFR 1.908(e)(1))
• 운송 사업자는 운송 작업이 완료되고 수령인이 요청하는 경우 VB 2절에서 논의된 바와 같이 화주가 지정한 작동 온도를 유지하며 발송인 또는 수취인의 요청이 있을 때 운송 업체가 온도를 유지했음을 입증해야 한다. 작동 온도와 일치하는 운송 조건·시연은 선적 및 하역 시 주변 온도 측정 값 또는 선적 시 시간·온도 데이터를 제시하는 운송인과 같은 운송인과 선주가 동의하는 적절한 방법으로 수행할 수 있다. (21 CFR 1.908(e)(2))

---

[36] https://collaboration.fda.gov/sanitary_transportation_carrier_training/

- 운송 중에 운송 조건하에서 안전을 위해 온도 제어가 필요한 음식물 운송에 사용하기 위한 보조 냉장 장치가 있는 차량 또는 운송 장비를 제공하기 전에 운송인은 다음에 지정된 대로 냉장·냉장 보관실에서 미리 냉각해야 한다. (21 CFR 1.908(e)(3))
- 화주·화물 운송인이 요청한 경우, 식품 운송용 대량 운송 수단을 제공하는 업체는 차량으로 운송된 이전 화물을 식별할 수 있는 정보를 발송인에게 제공해야 한다. (21 CFR 1.908(e)(4))
- 운송인이 요청하는 경우, 식품 운송용 대량 운송 수단을 제공하는 업체는 최신 청소 상태를 보여 주는 정보를 발송인에게 제공해야 한다. (21 CFR 1.908(e)(5))
- 항공사는 섹션 Ⅶ에서 논의된 기록 요건에 따라 서면 절차를 개발하고 이행해야 한다.
- 21 CFR 1.906(b)에서 요구하는 적절한 위생 조건에서 차량 및 운송 장비를 유지하기 위해 운송인이 제공하는 차량 및 운송 장비 검사, 필요한 경우 청소·위생 처리를 명기해야 한다.
- 21 CFR 1.908(e)(2)의 온도 제어 조항을 준수하는 방법을 설명해야 한다.
- 21 CFR 1.908(e)(4) 및 (5)에서 벌크 차량 사용에 대한 조항을 준수하는 방법을 설명해야 한다. (21 CFR 1.908(e)(6))

10.
FDA 해산물 HACCP

해산물(Seafood)은 FSVP에서 면제되는 품목이다. 미국 수입업자가 많이 오해하는 부분은 해산물은 FSVP에서 면제되므로 아무런 조치를 안 해도 된다고 생각하지만 해산물은 이미 21 CFR 123 규정에 의해 HACCP이 필수적이다. FDA에서 발간하는 FDA Seafood HACCP guideline(4th Edition)은 상세하게 어종별 HACCP 관리 체계를 설명하고 있다. 한국에서 HACCP을 시행하고 있는 업체에서 수입하더라도 미국 FDA 기준에 부합하는지 확인해야 한다.

1) 위해요소 분석

FDA 지침에서는 어종별로 어떤 위해요소가 있는지 테이블로 정리해 놓았으며 위해요소별로 어떻게 통제 및 관리할 것인지 설명하고 있다.

어종별 생물학적 위해요소 일람표

TABLE 3-2
POTENTIAL VERTEBRATE SPECIES-RELATED HAZARDS

Note: You should identify pathogens from the harvest area as a potential species-related hazard if you know or have reason to know that the fish will be consumed without a process sufficient to kill pathogens, or if you represent, label, or intend for the product to be so consumed. (See Chapter 4 for guidance on controlling pathogens from the harvest area.)

MARKET NAMES	LATIN NAMES	HAZARDS				
		PARASITES	NATURAL TOXINS	SCOMBROTOXIN (HISTAMINE)	ENVIRONMENTAL CHEMICALS	AQUACULTURE DRUGS
		CHP 5	CHP 6	CHP 7	CHP 9	CHP 11
BARRAMUNDI AQUACULTURED	*Lates calcarifer*				√	√
BASA OR BOCOURTI⁸	*Pangasius bocourti*				√	
BASA OR BOCOURTI⁸, AQUACULTURED	*Pangasius bocourti*				√	√

*출처: FDA Seafood Guidline, 4th edition 중

위해요소의 종류로는 병원균(Pathogen), 기생충(Parasites), 자연 독성(Natural toxin), 히스타민(Scombrotoxin 또는 Histamine), Clostridium Botulinum toxin, 항생제 등이 있다. 이에 대한 예방통제로서 온도 통제, 산성화, 열처리, 건조, 냉동 등의 방법이 쓰이는데 FDA는 위해요소별로 구체적 안내를 하고 있다.

식품을 수입할 때 제조사 또는 공급자에게 HACCP 활동을 하고 있는지 확인하고 FDA 에서 요구하고 있는 위해요소가 적절하게 통제되는지 이중 점검해야 한다. 수입업자 또한 미국에서 유통을 하고 있으므로 저장 및 유통에 관한 HACCP Plan 이 있어야 한다. 위해요소가 없다고 할지라도 위해요소 분석(Hazard Analysis)을 하고 위해요소가 없으면 없다는 점을 합당한 근거와 함께 서면으로 기록하여야 하며, 있으면 어떻게 위해요소를 통제할지 CCP 를 지정해서 통제해야 한다.

FDA Seafood Gulidline Hazard Analysis Work Sheet

HAZARD ANALYSIS WORKSHEET					
FIRM NAME:			PRODUCT DESCRIPTION:		
FIRM ADDRESS:			METHOD OF DISTRIBUTION AND STORAGE:		
			INTENDED USE AND CONSUMER:		
(1) INGREDIENT/PROCESSING STEP	(2) IDENTIFY POTENTIAL BIOLOGICAL, CHEMICAL, AND PHYSICAL HAZARDS ASSOCIATED WITH THIS PRODUCT AND PROCESS	(3) ARE ANY POTENTIAL FOOD SAFETY HAZARDS SIGNIFICANT AT THIS STEP? (YES/NO)	(4) JUSTIFY YOUR DECISION FOR COLUMN 3	(5) WHAT PREVENTIVE MEASURE(S) CAN BE APPLIED FOR THE SIGNIFICANT HAZARDS?	(6) IS THIS STEP A CRITICAL CONTROL POINT? (YES/NO)

2) 수입시 빈번한 거절 사례들

해산물 HACCP에서 가장 문제가 되는 것은 멸치와 같이 내장을 제거하지 않은 제품의 수입 거절이다. 5인치 이상의 생선류는 반드시 내장을 깨끗이 제거해야 수입할 수 있고, 5인치 이하는 FDA에서 요구한 절차에 따라 가공해야 내장을 제거하지 않고 들여올 수 있으나 FDA 요구 사항이 한국의 생산 현실과 맞지 않아 수입이 어려운 현실이다.

또 하나 주의사항은 요즘 젓갈류 및 기타 온전한 생선을 냉동해 들여오더라도 Import Alert #16-119나 120의 문제가 생겨서 레드 리스트에 올라가는 경우가 많다. 사유로는 수입업자가 특정 제품 및 외국 프로세서(제조 업체)에 대한 HACCP '검증 활동' 요건을 충족시키지 못했다고 판단한 경우이다. 이 경우 압류(Detention)를 면하기 위해서는 21 CFR Part 123의 요구 사항에 따라 처리되기 위한 서면 확인 절차를 Food Drug & Cosmetic Act 402항에 따라 해야 한다. 수입업자는 아래와 같은 검증 활동 중 적어도 하나를 취해야 한다.

- 외국 프로세서로부터 21 CFR 123에 의해 요구되는 HACCP 및 특정 물고기 또는 수산물과 관련이 있는 위생 감시 기록 획득
- 수입된 어류 또는 어패류 제품이 21 CFR 123의 요구 사항에 따라 처리되었거나 가공되었음을 증명하는 적절한 외국 정부 검사 기관 또는 제3자로부터의 연속 또는 로트별 인증 획득
- 수입된 어류 또는 수산물이 21 CFR 123의 요구 사항에 따라 처리되고 있는지 확인하기 위해 외국 가공업자의 설비를 정기적으로 검사할 것
- 외국인 가공업자의 HACCP 계획서 사본(영문)을 제출하고 수입 가공된 어류 또는 수산물은 21 CFR 123의 요구 사항에 따라 가공되었음을 외국 가공업자로부터 서면으로 보증한다.
- 수입된 어류 또는 수산물을 주기적으로 시험하고 수입된 어류 또는 수산물이 21 CFR 123에 따라 가공되었음을 외국 가공업자가 보증하는 서면 사본을 영문으로 사본 보관
- 21 CFR 123.12의 요구 사항을 준수함과 동등한 수준의 보증을 제공하는 기타 검증 방법. 또는 수입업자를 대신하여 수입업자의 확인 절차를 작성하는 것을 포함하여 21 CFR 123.12(a)(2)에 명시된 모든 검증 활동을 지원하거나 수행하기 위해 유능한 제3자를 고용할 것

또한 21 CFR 123.12(c)는 21 CFR 123(a)(2)(ii)에 명시된 확인 단계의 수행 및 결과를 문서화한 기록을 영문으로 보관해야 한다고 명시하고 있다.

11.
FDA 주스 HACCP
(21 CFR Part 120)

미국 FDA Juice HACCP 은 2004년에 Final Rule 이 나와서 현재 시행되고 있다.

주요 특이 사항을 살펴보면,
- 주스 제조자는 모두 HACCP 원칙을 사용하여 가공 작업을 평가해야 한다.
- 이 규정은 주스 가공 작업에 대한 현행 Good Manufacturing Practice(CGMP) 규정을 따르도록 되어 있다.
- HACCP 계획 및 위생 표준 작업 절차(SSOP) 및 HACCP 작업에 대한 기타 기록은 실사에 대비해 서면 관리를 해야 한다.
- HACCP 계획을 개발하거나 특정 측면에서 이행하는 직원은 HACCP 원칙을 숙지해야 한다.

5-log 병원체 감소는 반드시 당신이 '관련 미생물'로 확인한 미생물, 예를 들어 E. coli O157: H7 과 같은 주스에서 발생할 수 있는 공중 보건의 미생물 중 가장 저항력 있는 미생물에 대해 수행되어야 한다.
과일 표면 처리는 감귤류의 5-log 감소를 달성하기 위해 사용될 수 있지만 깨끗하고 손상되지 않은 고른 열매를 사용해야 하며 일반 대장균 검사를 정기적으로 시험하여 처리의 유효성을 확인해야 한다.
단일 열처리 단계를 거친 상온보관 주스와 모든 성분을 포함하는 열 집중 과정을 사용하여 만든 주스 농축물은 5-log 병원체 감소를 위한 HACCP 계획에 통제 조치를 포함해야 하는 요구 사항이 면제되지만 열처리 과정은 위험 분석에 포함되어야 한다.
저산성 통조림 주스 및 산성화 식품 규정의 대상 주스는 5-log 병원균 감축을 달성하기 위한 HACCP 계획에 통제 조치를 포함해야 하는 요구 사항이 면제되지만 주스는 여전히 저산성 통조림 식품 규정의 적용을 받는다. 또는 산성화된 식품 규제 및 필요에 따라 주스 HACCP 규정의 다른 모든 요구 사항을 준수해야 한다.

소비자에게 직접 주스를 만들고 판매하거나 다른 사업체에 주스를 판매하거나 유통시키지 않는 소매점이나 사업체는 주스 HACCP 규정이 면제되지만 21 CFR 101.17(g)의 FDA 의 식품 표시 규정(경고 문구가 필요함)을 준수해야 한다. 현재 존재할 수 있는 병원성 미생물을 방지, 감소 또는 제거하기 위해 가공되지 않은 패키지 과일 및 채소 주스 제품은 해당 주 규정에 따라야 한다.

■ **Patulin(패툴린 독소: CPG Sec.510.150 사과 주스, 사과 주스 농축물 및 사과 주스 제품)**

패툴린은 사과에서 자라는 곰팡이에 의해 생성되는 독성 물질이다. 과거에는 패툴린이 미국에서 판매되거나 미국으로 수입되는 일부 사과 주스 제품에서 높은 수준으로 발생하는 것으로 확인되었다.

곰팡이가 핀 사과

다음의 두 가지 모두에 해당하면 FDA 는 수입품에 대한 수입 제재 조치를 할 수 있다.
- 사과 주스 제품에 50 $\mu g/50g$(50 억 개) 이상의 패툴린이 함유된 경우
- 패툴린의 정체가 기체 크로마토 그래피·질량 분광법에 의해 확인될 경우

수입 제품(사과 주스, 사과 주스 농축물 또는 사과 주스 제품)은 21 U.S.C.에 따라 반입이 거부당할 수 있다.

12.
건강 식품
(Dietary Supplement)

건강보조식품에는 수정된 FSVP 사항이 요구된다(Modified requirement). 건강보조 식품이란 다음과 같은 성분을 함유하고 있는, 건강을 보조하기 위한 식품을 말한다(FD&C section 201[ff], 21 CFR 1.500).

- 비타민
- 미네랄
- 허브나 기타 식물류
- 아미노산
- 기타 건강 보조 물질
- 농축액, metabolite, constituent, 추출액 또는 그 조합

수출업체는 기능 식품을 일반 식품으로 포장 디자인하고 영양 정보를 표시하는 데 주의해야 한다. 특히 기능성 식품의 효과를 표시하려면 건강식품으로 분류하여 디자인해야 한다. 특히 건강식품의 영양 정보 라벨을 혼동하는 경우가 많은데 건강식품은 Supplement Fact 형식의 라벨을 써야 한다(일반 식품은 Nutrition Fact).

Supplement Facts 양식 예

Supplement Facts
Serving Size 1 Capsule

Amount Per Capsule		% Daily Value
Calories 20		
Calories from Fat 20		
Total Fat 2 g		3%*
Saturated Fat 0.5 g		3%*
Polyunsaturated Fat 1 g		†
Monounsaturated Fat 0.5 g		†
Vitamin A 4250 IU		85%
Vitamin D 425 IU		106%
Omega-3 fatty acids 0.5 g		†

* Percent Daily Values are based on a 2,000 calorie diet.
† Daily Value not established.

Ingredients: Cod liver oil, gelatin, water, and glycerin.

건강식품 통관 시 문제가 많이 발생하는 게 알레르기 표시 미비(식품과 같이 8 가지 알레르기 물질 표기: 땅콩, 우유, 계란, 생선류, 갑각류, 콩, 견과류, 밀), FDA 승인이 나지 않은 건강 기능 원료, 라벨 형식의 문제, 과장 광고나 허위 표시 등의 문제 등으로 FDA 에서 수입 거절되는 경우가 많다.

- 특히 성분 검토 단계에서는 미국 FDA 에서 승인된 성분인지 확인하고 NDI(New Dietary Ingredient)나 GRAS(Generally Recognized As Safe)로 등록 또는 자가 결정 GRAS(Self-determination GRAS)로 등록돼 있어야 한다.
- 건강보조식품은 미리 FDA 등록을 받을 필요는 없다. 일반적 FSVP 와의 차이점은 i) 위해 요소 분석이 필요는 없지만, ii) 단, 해외 공급자가 미국 Dietary Supplement cGMP 를 준수하고 있는지 확인하여야 한다(21 CFR 111) iii). 이외에 Qualified individual 의 지정, 해외 공급자 인증, 시정 조치 활동(corrective actions), 기록 유지 등은 해야 한다.
- Dietary Supplement 에는 PC Ruel for Human Foods 가 적용되지 않는다.
- 전에는 건강식품 공장 실사를 FDA 가 적극적으로 하지 않았지만 FSMA 발효로 실사 숫자가 늘어날 것으로 예상한다. 미국 건강 식품 규정인 Dietary Supplement GMPs(21 CFR Part 111)가 요구하는 정체성, 순도, 강도 및 구성에 대한 확립된 규격을 일관되게 충족시킬 절차와 서면 기록을 보관·유지해야 하는데, 국내 cGMP 준수로는 부족한 사항이 있으므로 한국 업체들은 미국 건강식품법을 꼼꼼히 확인해야 한다.

건강식품 규정 DS cGMP(21 CFR 111)의 주요 내용 및 목차

Subpart A - General Provisions(일반 규정)

Coverage of the DS CGMP Rule(범위)

How the DS CGMP Rule Applies to Specific Types of Operations(어떻게 특정한 운영에 적용하는지)

How the DS CGMP Rule Applies to Contractors(하청 업체에 어떻게 적용하는지)

Terms Used in the DS CGMP Rule and In This Document(용어)

Other Applicable Statutory Provisions and Regulations(다른 적용 법령)

Written Procedures Required by the DS CGMP Rule(필요한 서면 절차)

Records Required by the DS CGMP Rule(필요한 서면)

Subpart B - Personnel(개인 위생)

Subpart C - Physical Plant And Grounds(공장과 지면 관리)

Subpart D - Equipment And Utensils(장비와 기구 관리)

Subpart E - Requirement To Establish A Production And Process Control System(생산 및 공정 관리)

General Requirements of Subpart E(일반 요건)

Requirements to Establish Specifications(제품 규격서의 수립)

Requirements to Determine Whether Specifications Are Met(제품 규격에 어떻게 부합하는지의 여부)

Specific Requirements Regarding Specifications for Dietary Ingredients and Other Components(제품 규격에 대한 요구 사항 및 성분 요구 사항)

Representative and Reserve Samples(샘플링 요건)

Subpart F - Production and Process Control: Requirements For Quality Control(품질 관리 요건)

Subpart G - Production and Process Control: Requirements For Components, Packaging, And Labels And For Product That Is Received For Packaging Or Labeling As A Dietary Supplement(성분 및 포장재에 대한 요건)

Requirements for Components(원료에 대한 요건)

Requirements for Packaging and Labels(포장재에 대한 요건)

Requirements for Received Product(입고 관리)

Requirements for Rejected Components, Packaging, Labels and Received Product(반송품 관리)

Subpart H - Production and Process Control: Requirements for a Master Manufacturing Record(마스터 생산 기록 관리)

Subpart I – Production and Process Control: Requirements for a Batch Production Record(배치 레코드)

Subpart J – Production and Process Control: Requirements for Laboratory Operations(실험실 요건)

Subpart K – Production and Process Control: Requirements for Manufacturing Operations(생산 요건)

Subpart L – Production and Process Control: Requirements for Packaging and Labeling Operations(포장재 및 라벨링 요건)

Subpart M – Holding and Distributing(보관 및 유통)

Subpart N – Returned Dietary Supplements(반품)

Subpart O – Product Complaints(고객 불만)

Subpart P – Records and Recordkeeping(서면 기록)

13.
미국에서 많이 쓰는 인증

미국에서 월마트나 코스트코 같은 대형 마트에 입점하려면 GFSI(Global Food Safety Inititives) 수준의 식품 위생 인증이 필요하다. 대표적인 것이 BRC, SQF, FSSC22000 등으로 미국에서는 BRC 와 SQF 가 많고 요즘은 BRC 가 대세이다. 한국에서 미국으로 수출하려면 GFSI 수준의 인증이 필요하다.

요즘은 월마트 등에서 Social Compliance Audit 을 요구하여 노동법, 환경, 종업원 안전, 윤리경영 등을 심사하고 또는 인증을 요구하기도 한다(예, SMETA). 또한 제품 분류에 따라 Gluten Free, Non-GMO, Organic, Vegan, Kosher, Halal 등의 인증을 요구하기도 한다.

1) BRC(Issue 8 중심으로)

BRC 는 British Retailer Consortium 의 약자로 영국에서 만들어진 식품 위생 기준이다. 미국에도 널리 퍼져 있으며 높은 수준의 기준과 SQF 에 비해 관리가 편한 장점이 있어 BRC 인증을 미국에서도 선호하는 추세이다.

BRC 는 Risk-based(리스크에 근거한) 식품 안전 기준이어서 합리적이며 효율적이다.

(1) 주요 구성을 살펴보면

① 상원 의장의 임무 및 지속적인 개선
일관된 식품 안전은 회사 내 모든 사람의 책임이다. 그러나 효과적인 식품안전계획의 출발점은 고위 경영진이 BRC 글로벌 스탠더드의 이행과 지속적인 개발에 전념해야 한다는 것이다. 여기에는 적절한 자원, 효과적인 의사 소통, 시스템 검토, 조치 및 개선 기회 제공이 포함된다.

② 식품안전계획(HACCP)
BRC 글로벌 스탠더드는 국제적으로 인정된 Codex Alimentarius 시스템의 요구 사항을 기반으로 효과적인 위험 분석 및 Critical Control Point(HACCP) 프로그램을 개발한다.

③ 식품 안전 및 품질관리 시스템
이 절에서는 식품 안전 및 품질관리 요구 사항을 설명한다. 여기에는 제품 사양, 공급 업체 승인, 이력추적성 및 사고 관리 및 제품 회수 요구 사항이 포함된다.

④ 사이트 표준
이 절에서는 건물 및 장비의 배치 및 유지 보수, 청소, 해충 방제, 폐기물 관리 및 이물질 관리를 포함한 생산 환경에 대한 기대치를 설명한다.

⑤ 제품 관리
알레르겐 관리, 제품 및 성분 출처, 제품 포장 및 제품 검사, 시험을 포함한 제품 설계 및 개발 단계의 요구 사항

⑥ 공정 제어
안전한 공정 관리, 중량·부피 조절 및 장비 교정의 수립 및 유지, 그리고 문서화된 HACCP 계획 실행

⑦ 개인
이 섹션에서는 직원 교육, 보호복 및 개인 위생에 필요한 표준을 설명한다.

(2) 심사과정

심사는 서류 심사와 공장 현장 심사로 이루어지며 공장 규모에 따라 다르지만 2~3일의 기간이 걸린다. 또한 포장 재료에 대한 인증 제도도 있으니 미국 수출을 위해서 활용해 볼 만하다. 미국으로 수출하는 경우에는 FSMA(미국 식품안전현대화법)의 추가적인 모듈을 심사하여 수출에 지장이 없게 준비하는 것이 좋다.

최근 개정된 Issue 8 버전

(3) Version 8.0

2019년 3월부터는 Issue 8의 기준을 쓰게 된다. 기존 Issue 7과의 차이점은 다음과 같다.

① 내부 감사는 1년 내내 진행되어야 한다.

내부 감사는 BRC 식품 안전 감사에서 불규칙적인 영역이다. 이슈 8의 경우, 1년 내내 최소한 4가지 감사 업무가 분산되어 있는 내부 감사 프로그램을 예약해야 한다(3.4.1절). 이것은 인증 감사 직전에 내부 감사의 단절을 방지하기 위한 것이다. 각 활동에 대한 실제 감사 빈도는 관련 위험에 근거해 적어도 1년에 한 번 모든 활동을 보장하기 위해 각 내부 감사의 명확한 범위를 정의해야 한다.

② 기밀 보고 시스템 구축

표준 제1부는 안전하지 않거나 규격을 벗어난 제품 또는 원자재(1.1.5절) 증거에 대한 직원들의 보고 인식과 기밀 보고에 접근할 필요가 있다고 규정하고 있다. 그리고 제품 안정성, 무결성, 품질 및 적법성과 관련된 모든 문제를 보고할 수 있는 시스템(1.1.6절)에 대해서 규정하고 있다. 따라서 해결된 모든 문제를 처리하고 문서화하는 프로세스가 구현되어야 하며 관련 직원에게 명확하게 전달돼야 한다.

③ 팀 리더를 위한 필수 식품 안전 교육
BRC 식품 안전 이슈 8에서는 식품 안전 팀 리더에게 필수적이고 입증 가능한 식품 안전 교육을 소개한다(2.1.1 절). 능력과 경험만으로는 충분하지 않다. 또한 모든 팀 구성원은 HACCP에 대한 구체적인 지식과 제품, 프로세스 및 관련 위험에 대한 관련 지식을 보유해야 한다.

④ 공급 업체 승인 및 공급 업체 모니터링을 위한 고유 조항
이전에 하나의 조항 아래 결합된 공급자 승인(3.5.1.2 절) 및 공급 업체 점검(3.5.1.3 절)은 공급자를 통제하는 두 가지 별개 수단임을 인식해 BRC 식품 안전 이슈 8에서 분리되었다. 공급자 승인은 모든 원재료 공급 업체가 리스크를 효과적으로 관리하고 효과적인 이력추적성 프로세스를 운영하도록 하지만 리스크 및 정의된 성과 기준에 따라 승인된 공급 업체에 대한 지속적인 검토도 뒤따라야 한다.

⑤ 어떻게, 왜, 그리고 어디서 근본 원인 분석을 수행할 것인가?
근본 원인 분석은 BRC 기준서 및 버전 7에서 이미 수행 방법, 이유 및 위치를 정의하지 않고 언급되었다. BRC 식품 안전 이슈 8은 3.7.3 절에서 이를 규정하고 있는데 이는 원인 분석이 진행 중인 개선을 구현하고 특정 경향이 현저하게 증가한 경우, 부적합 유형 또는 부적합 제품의 안전성, 합법성 또는 품질 위험을 초래한 경우에 부적합 재발을 방지하는 데 근본 원인 분석이 사용되어야 함을 규정하고 있다.

⑥ 사이버 보안 사고의 인식
BRC 버전 8에서는 사이버 보안을 식품 안전의 주요 위험 요소로 인식하고 조직이 사이버 보안 사고를 문서화하고 효과적으로 관리할 수 있는 절차를 구현하도록 요구한다. 3.11.1 절에는 식품의 안전성, 품질 또는 적법성이 위험에 처할 때마다 제품의 회수 또는 회수를 고려해야 할 잠재적인 이유인 '디지털 사이버 보안의 실패 또는 공격'과 관련된 사항을 다루고 있다.

⑦ 환경 모니터링
이슈 8의 큰 변화 영역 중 하나는 환경 모니터링을 소개하는 4.11.8 절이다. 많은 기업에서 시스템과 컨트롤이 부족한 부분으로 꼽힌다. 본 절은 병원균이나 부패성 유기체에 대해 위험

기반의 환경 모니터링 프로그램을 마련하고 개방형 및 즉시 먹을 수 있는 제품을 포함한 모든 생산 구역을 포함해야 한다고 정의한다. 이 절은 또한 통제와 조치가 무엇이 되어야 하는지 구체적으로 설명한다.

⑧ 애완 동물용 제품 관리 조항
제품 통제에 관한 섹션 5에는 이제 애완 동물 사료와 특별히 관련된 조항(5.8절)이 포함되어 있어 애완 동물 사료 제품이 안전하고 의도된 용도에 적합하다는 것을 보장한다. 예를 들어, 다른 동물 종에 애완용 식품을 생산하는 현장에는 의도하지 않은 수령 종에 해를 끼칠 수 있는 성분, 원료, 제품 또는 재작업을 관리하는 특정 절차가 있어야 한다.

⑨ 요리 지침의 전체 유효성 확인
BRC 식품 안전 문제 8의 또 다른 새로운 요구 사항은 식품과 함께 제공되는 모든 조리 지침(예: 포장)을 완전히 검증해야 한다는 것이다. 이것은 지침에 따라 준비된 식품이 안전하고 즉시 먹을 수 있는 제품을 지속적으로 제공하기 위한 것이다.

⑩ 새로운 섹션 8: 고위험, 고비용 및 주변 고비용 요구 사항
이전에 섹션 4와 섹션 7의 일부였던 고위험, 고관리 또는 고가 생산 시설에 대한 모든 요구 사항이 이제는 새로 도입된 제8조의 모든 관련 요구 사항 1~7항에 추가돼 이행되어야 한다. 모든 생산 시설 및 관리가 제품의 병원균 오염을 예방하기에 적합함을 입증할 수 있도록 보장하기 위한 것이다.

⑪ 새로운 섹션 9: 거래 제품 요구 사항
이전에 추가 자발적 모듈인 거래된 제품에 대한 요구 사항이 새로 도입된 섹션 9의 BRC 식품 안전 이슈 8에 포함되었다. 섹션 9의 요구 사항은 사이트가 일반적으로 범위 내에 있는 식품을 구매 및 판매하는 경우에 적용된다. 표준에서 제외되지만 제조, 가공 또는 포장하지 않고 현장의 시설에만 보관된다. 이슈 7과는 달리 거래된 제품에 대한 부적합성이 현재 전체 등급에 영향을 미칠 것이다.

2) 코스트코 요구 사항

코스트코(Costco)용 식품을 생산하거나 공급하는 모든 시설은 GFSI 레벨(Global Food Safety Initiative)의 인증을 받아야 한다.

(1) 감사 유형
- 식품 안전 및 품질 감사(GMP) 감사 생성 – 기대 효과(Produce Expectations) 참조
- 동물 복지 감사, 유통·창고 센터 감사
- 포장 심사(1차 포장, 예: 가방 필름, 용기)
- 소규모 공급 업체 감사(회사의 첫 번째 제3자 감사 – 직원 25명 미만 – 첫 해만 해당)
- cGMP – 보충제/제약 산업에 대한 GMP 감사
- GFSI 인증서(BRC, SQF, etc)

(2) GFSI 인증
코스트코는 총 85%가 SQF, IFS 등의 GFSI 인증을 받는다. 또한 Primus GFS(90%), B급 이상의 BRC 인증 및 통과 FSSC22000 인증을 허용한다. 인증 시에 코스트코 기준 사항도 심사한다.

코스트코 검사 점수 및 결과

Score	Rating	Action
98 - 100%	Excellent	**No** Corrective Actions required
85 - 97%	Good	Corrective Actions **required**
< 85% in any category	Needs Improvement – Corrective Action and **Reaudit Required**	

(3) 재심사(REAUDITS)

제품 회수, 심각한 사고 또는 우려가 있는 경우에는 재심사를 받아야 한다. 모든 범주에서 GMP 감사 점수가 85% 미만이고 소규모 공급 업체가 70% 미만의 점수일 경우이다. 모든 범주에는 전체 시스템 재검토가 필요하다.

(4) 자동으로 재심사를 받아야 하는 경우

- 한계를 충족시키지 못했음에도(CCP 한계 이탈) 시정 조치를 취하지 않은 경우
- 명백한 염증, 감염된 상처 또는 기타 전염병이 있는 직원이 노출된 식품 또는 생산·저장 구역과 직접 접촉한 경우
- 제품 오염이 관찰된 경우
- 음식 알레르기 항원이 존재하고 알레르겐 통제 프로그램이 개발되지 않은 경우
- 문서화된 SSOP(Standard Sanitation Operating Procedures) 프로그램이 없는 경우
- 문서화된 식품 안전 계획(GMP)이 확립되지 않은 경우
- 지정된 해충 방제 프로그램을 포함해 작성된 해충 방제 프로그램이 확립되지 않은 경우
- 가공 용수가 식수 공급원이 아닌 경우. 음용성(Water potability)은 시립 수자원에 대해 인증된 실험실에서 매년 해야 함. 우물은 분기마다 해야 함
- 완제품에 이력추적성이 제대로 기록되지 않은 경우
- 해충 방제를 포함한 시설 내부에 분해된 해충의 증거가 있는 경우
- 바이오테러 규정에 필요한 등록을 확인할 수 없는 경우
- FDA의 요구 사항에 따라 위해요인 분석이 설정되지 않은 경우

(5) 이물질 통제

코스트코는 이물질 검출 장치(엑스레이나 금속 검출기)를 사용하여 잠재적인 물리적 위험을 통제하도록 요구한다. 엑스레이 또는 금속 탐지기가 없는 공장은 감사 중에 지적을 받는다.

위험 수준을 검토하는 직원이 시설의 위험이 낮다고 판단되면 장치가 없어도 된다. 위험 수준이 중간 정도라면 이물질 검출 장치를 설치해야 한다.

(6) 해충 방제

해충 방제 프로그램은 인가된 해충 방제 요원에 의해 개발되고 감시되어야 한다. 통합 해충 방제 프로그램(IPM)이 수립되었다. 이 프로그램은 허가 지정된 해충 방제 요원 및 예정된 서비스 주기, 모든 해충 방제 장치의 위치와 유형을 보여 주는(필요에 따라 갱신되지만 적어도 매년) 지도가 있어야 한다.

이 프로그램은 시설, 내부 및 제품 및 포장 영역을 위한 저장 영역을 포함해야 한다. 해충 방제 장치는 노출된 식품, 포장 및 원자재로부터 멀리 떨어져 있어야 한다. 미끼집(Bait Station) 및 기타 살충제는 외부 사용으로 제한된다. 기록을 유지해야 한다. 미끼집이 제대로 땅에 묶여 있어야 한다. 주 또는 지역 법률에 의해 금지되지 않는 한 감사원이 무작위로 검사한다.

(7) 맨손 금지 정책

코스트코는 'No Bare Hands' 정책을 가지고 있다. 장갑을 착용할 때 라텍스가 없고 분말이 없어야 손상되지 않고 깨끗하며 양호한 상태로 유지된다. 직물 또는 면 장갑은 사용하지 말아야 한다.

손이 음식에 닿았을 때 준비된 장갑과 직접 손으로 접촉하는 곳에 장갑을 사용해야 한다. Costco Food 가 예외를 인정하지 않는 한 'No Bare Hands' 정책이 시행된다.

장갑의 올바른 취급 및 사용 절차가 수립되고 시행되고 있으며 필요한 곳에서 확인되어야 한다. 비일회용 고무 장갑은 세척 후 살균해야 한다.

파손 또는 잠재적 오염물 취급, 장갑이 못 쓰게 되거나 손이 더 위생적임을 증명할 수 있는 경우 맨손 사용이 받아들여질 것이다. 특정 면제가 적용될 수 있다(껍질 달걀 산업 및 비 RTE 식품).

(8) GMP(Good Manufacturing Practice)

노출된 제품을 다룰 때는 모든 직원이 헤어넷을 착용해야 한다. 근로자가 턱수염을 가지고 있다면 코스트코는 코스트코 제품을 처리할 때 턱수염을 관리할 수 있는 방안을 만들 것을 요구한다.

손 씻는 싱크는 따뜻한 물(15 초 이내)이 공급되어야 하고, 비누, 손이 지지 않은 타월, 적당한 수건 또는 건조 장치, 쓰레기통이 구비되어야 하며 손 씻으라는 안내문이 해당 언어로 게시되어야 한다.

(9) 제품 리콜

코스트코는 매년 모의 회수 훈련을 실시할 것을 요구하며, 2 시간 동안 제품의 100%를 회수하는 것이 목표이다.

3) 월마트 요구 사항

(1) 개요

월마트의 식품 또는 음료 제품의 모든 공급자는 매년 식품 안전성 평가를 받아야 한다. 연간 평가 요구 사항을 준수하지 않으면 공급 업체 번호가 비활성화될 수 있다. 월마트 또는 샘스 클럽(Sam's Club) 제품을 제조 또는 가공하는 모든 작업에는 식품 안전성 평가가 필요하다. 제품을 제조 또는 가공하는 모든 작업이 월마트의 요구 사항을 준수하는지 확인하는 것은 공급 업체의 책임이다. 월마트는 공급 업체에 대한 감사 일정을 수립하지 않는다. 지방, 주, FDA 및 USDA 검사는 식품 안전성 평가 대신 허용되지 않는다는 점에 유의해야 한다.

(2) 국제 식품 안전 기준(GFSI)

월마트는 GFSI(Global Food Safety Initiative)와 연계되어 있으며 특정 공급자가 매년 GFSI 승인 제도에 대한 인증을 취득하도록 요구한다. 인증 프로세스에 대한 자세한 내용은 월마트의 GFSI 인증을 받는 공급 업체 안내서를 참조하면 된다. GFSI 의 공식 웹사이트를 방문해 모든 공인된 제도 목록을 살펴보는 것이 좋다.

GFSI 인증은 다음 공급 업체 유형에 대한 최종 처리·제조 작업에 필요하다.
- 개인 상표, 상표 없는 독점 공급 업체
- 직접 수입 공급 업체
- 벌크 델리 육류 공급 업체
- 냉동 베리 공급 업체*
- 애완 동물 식품 공급 업체
- 애완 동물 치료 공급자*
- 원료 쇠고기 공급자
- 닭고기 공급자(닭, 닭고기 부위들, 칠면조)
- 해산물 공급 업체
- 스시 공급자
- 제품 회수 및 발생으로 인해 나열되지 않은 상품의 공급자는 월마트의 재량에 따라 GFSI 인증을 취득해야 한다.

*이 제품의 공급 업체는 농장에서 최종까지 모든 작업에서 GFSI 인증을 획득해야 한다.

(3) 제 3 자 식품 안전 감사

월마트는 모든 공급 업체가 GFSI 인증을 받기 위해 노력하지만 모든 공급 업체에게 적합하지 않을 수 있음을 이해하고 있다. GFSI 인증을 충족하지 않아도 되는 제품을 제공하는 국가 브랜드 업체는 모든 최종 공정·제조 작업에서 매년 제 3 자 식품 안전 감사를 받아야 한다. 월마트가 승인한 공인된 인증 기관의 제 3 자 인증 감사만 허용된다.
다른 소매업자를 대신하여 승인된 인증 기관이 수행한 감사는 수락되지 않는다. 승인된 인증 기관 목록은 월마트의 제 3 자 및 글로벌 마켓 프로세서 감사 정보를 참조해야 한다.

(4) 세계 시장 프로그램

월마트는 일부 국가 브랜드 업체는 작업 규모로 인해 식품 안전 자원을 제한하고 있음을 알고 있다. GFSI 인증을 완벽하게 추구하는 동시에 이러한 공급 업체는 제3자 감사 또는 글로벌 시장 감사를 받을 수 있다. 글로벌 시장 프로그램은 전체 GFSI 인증에 대한 계단식 접근 방식으로 이루어졌으며 기본 및 중간 수준의 감사를 제공한다. 업체는 글로벌 시장 감사를 완료할 수 있는 소규모 및 개발 공급 업체로서의 자격을 갖추고 있어야 하며 식품 안전 관리자와 직접 협력해 어떤 수준의 감사를 할 것인지 결정해야 한다. Small and Developing 공급 업체 자격을 얻으려면 다음 기준을 모두 충족해야 한다.

모든 생산 서비스가 월마트 또는 샘스클럽에 제공되며 65개 이상 상점과 클럽에 서비스를 납품하는 경우에는,
- 모든 사업장의 연간 총수익이 200만 달러를 초과하지 않으며,
- 회사는 반경 250마일 이상의 물류 서비스를 제공하지 않아야 한다.

소규모 및 개발 공급 업체로서 자격을 갖춘 식품 안전 관리자와 확인한 후에 승인된 인증 기관 목록을 보려면 월마트의 프로세서에 대한 제3자 및 글로벌 마켓 감사 정보를 참조해야 한다.

(5) 라벨 사항 - LABEL CLAIM CERTIFICATIONS

Organic, Kosher, Halal 또는 Non-GMO Project 와 같이 인증을 나타내는 인장 또는 기타 마크 또는 설명을 사용하는 제3자 인증에 따라 제품 포장을 요구하는 공급자는 현재 인증을 제공해야 한다. 글루텐 프리와 같은 다른 모든 마케팅 및 건강 관련 클레임은 유능하고 신뢰할 수 있는 증거로 입증되어야 한다. 공급 업체는 요청 시 월마트에 이 증거를 제공해야 한다.

4) Social Audit 및 SMETA

유럽에서는 사회 기준 준수(노동, 환경, 윤리, 종업원 안전 등)를 심사하여 인증하는 것이 발달했고 미국으로도 확산되어 앞으로 월마트, 타겟, 코스트코 등의 유통 업체도 소셜 인증을 요구할 전망이다. 그중에 대표적인 것이 SMETA 기준이다. 한국 업체는 이런 인증에 생소하

기 때문에 준비 없이 심사를 받았다가 떨어지는 경우를 많이 보았다. 미리 알고 준비하는 것이 좋다.

(1) Sedex 와 SMETA

Sedex 는 조직의 이름이며 SMETA 감사 방법론의 이름이다. Supplier Ethical Data Exchange(Sedex)는 비영리, 회원 조직, 구매자 및 공급 업체와 협력하여 책임감 있고 윤리적인 비즈니스 기준을 제공한다. Sedex 는 2001 년 소매 업체 그룹에 의해 설립되었고 사회 감사 표준의 수렴을 유도하고 모니터링을 하고 있다. Sedex 는 공유를 통한 공급 업체 감사, 감사 보고서 작성 및 공급망 표준을 제공한다.

SMETA(Sedex 회원 윤리적 무역 감사)는 Sedex 가 만든 감사 방법론이며 회원들이 자신 있게 감사 기준을 공유할 수 있다. 원래 Sedex Associate 에서 만든 감사원 그룹(AAG)이 이제는 Sedex 로 이름이 바뀌었다.

(2) 심사내용

SMETA 감사는 2 pillar 감사와 4 pillar 감사로 나뉜다. SMETA 2-Pillar 감사는 다음과 같이 구성된다.

a. 노동 기준
b. 건강과 안전
c. 추가 요소
- UNGP 를 다루는 보편적 권리
- 경영 시스템
- 취업 자격
- 외주와 숙제
- 환경(단축)

SMETA 4 Pillar 감사는 다음을 포함한다.
- 환경(확장): 이것은 위의 환경(단축) 섹션 상세에 추가
- 사업 윤리

심사 시 필요한 문서 목록
- 시설 평면도
- 관련 법률 및 규정
- 노동 계약·서면 고용 계약
- 직원 핸드북(고용)
- 단체 교섭 협약(CBA)
- 사용된 모든 화학 물질 및 용제의 목록 사이트
- 종업원 교육 및 훈련 기록
- 허가증, 운전 면허증 등
- 정부 검사 보고서: 위생, 화재 안전, 구조 안전, 환경 준수 등
- 기계류 검사·서비스 로그
- 사고 및 부상 기록
- 응급 조치 절차
- 피난 계획
- 지난 12개월 동안의 종업원 근무 시간 기록
- 지난 12개월 동안의 급여 기록
- 지난 12개월 동안의 개당 생산 급여 지급 기록(만약 해당되면)
- 보험, 세금 및 기타 필요한 영수증
- 생산 기록
- 종업원 안전회의에 관한 공동 위원회 회의록
- 징계 사안
- 이전의 윤리적 무역 감사 보고서·시정
- 작업 로그
- 적절한 인증. OSHAS18000, ISO9000, 체인 보관 등
- 회사 내규 정책: 아동 노동, 임금 및 근무 시간, 징계, 수당 및 베네핏, 건강과 안전, 노동·인권, 환경, 교육, 차별과 괴롭힘, 가내 노동자, 외근 노동자 및 하청업자

(3) 심사 절차

인증 심사 절차는 다음과 같다.
1. 개회 회의
2. 공장 현장 둘러보기

3. 경영진과 근로자 면담
4. 문서 검토
5. 사전 폐회 회의
6. 회의 종료 및 요약 결과

5) 기타 인증(유기농, Gluten-Free, Non-GMO, Vegan, Kosher, Halal 등)

(1) USDA Organic
미국 농무부의 유기농 인증이 가장 보편적이다. USDA 오가닉은 USDA에서 직접 인증하는 것이 아니라 USDA가 인정한 인증 기관이 일정 기준의 심사를 통해 부여한다.

① 인증 기준
- 모든 비농산물 성분은 합성 여부에 관계 없이 허용된 합성 및 금지된 비합성 물질 목록에 포함되어야 한다.
- '유기농'이라고 표기된다. 성분 제품의 경우 모든 농산물은 유기농 형태로 시중에서 구입할 수 없고 USDA Oragnic 규정 205.606 항에 열거되지 않은 한 유기농으로 만들어야 한다.
- 취급자는 비유기농 제품과 유기물의 혼합을 방지하고 유기농 제품이 금지된 물질과 접촉하지 않도록 해야 한다.

② 라벨 표현에 따른 유기농 기준
- '100% Organic': 모든 재료는 유기농 인증을 받아야 한다. 모든 가공 보조제는 유기농이어야 한다. 제품 라벨에는 인증 대상 제품의 이름을 명시해야 한다.
- 'Organic': 모든 농산물은 유기농 인증을 받아야 하며 국가 목록(National List)에 명시된 비유기농 성분은 국가 목록당 총 5%까지 사용할 수 있다. 비유기물 함량(소금과 물 제외)

- 'Made with Organic': 유기농 성분이 70% 이상 인증돼 있어야 한다. USDA 유기농 도장은 이 제품에 사용할 수 없다. 국가 목록(National List)에 명시된 비유기농 성분은 국가 목록당 총 30%까지 사용할 수 있다. 비유기물 함량(소금과 물 제외)
- 특정 성분만 오가닉으로 표시하는 경우: 유기농 함량이 70% 미만인 제품은 성분 목록에서 유기농으로 특정 성분을 식별할 수 있다.

③ 오가닉 인증 절차

대략 5단계로 분류된다(업체마다 약간 다를 수 있음). 유기농 인증 획득 및 유지 관리는 지속적으로 진행된다. 운영 체제가 유기적 시스템 계획을 작성하고 실행할 때 시작된다. 이 계획은 공인된 유기 인증 기관에 의해 매년 검토되고 검사된다. 인증 절차는 아래 설명한 5단계로 분류할 수 있다.

- 1단계: 유기농 시스템 계획 수립 및 제출

USDA 유기농 규정은 신청자가 해당 규정을 준수할 수 있는 능력을 입증하는 생산 방식을 설명하는 유기농 시스템 계획을 제출해야 한다.

- 2단계: 초기 검토

인증 코디네이터는 유기농 시스템 계획 신청서를 검토하여 완결성을 확인하고 USDA 유기 규정을 준수하는 능력을 입증하는지의 여부를 결정한다. 인증 기관은 계획을 명확히 하거나, 완료하거나, 수정하기 위해 추가 정보가 필요하면 연락을 준다. 인증 기관의 정보 요청에 대한 신속한 응답은 신청서를 적시에 검토할 수 있도록 한다. 인증 기관에서 계획이 준수 능력을 입증했다고 판단하면 인증 프로세스의 다음 단계, 즉 검사를 진행한다.

- 3단계: 현장 심사

심사관은 상호 동의한 시점에 현장 심사를 예약하기 위해 업체에게 연락한다. 심사관은 물리적 운영 및 관련 기록을 관찰하고 유기농의 무결성에 대한 위험을 평가함으로써 유기적 시스템 계획의 정확성과 이행을 평가한다. 심사관은 심사가 끝나면 신청자와의 관찰 내용을 요약하고 최종 검토를 위해 표준 서면 보고서를 인증 기관에 제출한다.

- 4단계: 최종 검토

인증 코디네이터는 인증 결정을 하기 전에 신청서와 심사 보고서를 최종 검토할 것이다. 규정 준수를 입증하기 위해 추가 정보가 필요한 경우 검토자는 제출 마감일을 통보할 것이다.

사소한 비준수 문제가 있는 작업에 대해서는 이러한 문제를 해결할 수 있는 기회가 주어진다. 인증은 최종 검토자가 서면상으로 관리 시스템이 수립되고 실제로 그 계획대로 적용되는지를 평가하여 최종 결정 때 부여된다.

- 5 단계: 인증 유지

유기 인증은 인증 기관이 동의하고 승인한 유기적 시스템 계획의 이행을 기반으로 한다. 인증 유지 관리는 지속적인 프로세스이며 단일 이벤트가 아니다. 인증된 운영은 정책, 절차, 제품 또는 입력 사항이 변경되면 유기적인 시스템 계획을 갱신해야 한다. 작업의 유기적 무결성이나 생산하는 제품에 영향을 미치는 모든 사건을 인증 기관에 알려야 한다. 매년 공인된 운영 업체는 갱신된 유기적 시스템 계획을 제공하고 현장 검사를 받고 해당 비용을 지불해야 한다.

④ 인증 소요 기간
인증 과정은 일반적으로 신청서를 수령한 날부터 90 일에서 120 일이 걸린다.

(2) Non-GMO

Non-GMO Project 라는 기관의 인증이 제일 유명하다. 이 기관이 직접 인증하는 것이 아니고 기준 및 인증 기관의 관리만 하는 인증 기관(Food Chain 등)이 한다.

① GMO 란 무엇인가?
유전자변형식품은 유전자 조작 또는 형질 전환 기술을 사용하여 실험실에서 유전자가 수정된 식물, 동물, 미생물 또는 기타 유기체이다. 이것은 자연에서 발생하지 않는 식물, 동물, 세균 및 바이러스 유전자의 조합을 만들거나 전통적인 교배 방식을 통해 만들어진다.

유전자변형은 우리가 매일 섭취하는 많은 제품에 영향을 미친다. 상업적 이용이 가능한 GMO의 수가 매년 증가함에 따라 Non-GMO Project는 Non-GMO 검증에 대해 가장 정확한 최신 표준을 제공하기 위해 부단히 노력하고 있다.

Non-GMO Project Verified가 되도록 제품을 입력하려면 세 가지 위험 수준으로 분류하는 표준을 준수하는지 평가해야 한다. 고위험군에 속할수록 까다롭게 검증할 수도 있다.

위험도 분류표

Risk Level (위험수준)	Definition (정의)	Examples (예)
High-Risk	The input is derived from, contains derivatives of, or is produced through a process involving organisms that are known to be genetically modified and commercially available. 투입물은 유전적으로 변형되어 상업적으로 이용 가능한 것으로 알려진 유기체를 포함하는 과정을 통해 유래되거나 유도체를 포함하거나 생산된다.	Alfalfa, Canola, Corn, Cotton, Papaya, Soy, Sugar beet, Yellow summer squash / zucchini, Animal products, Microbes and enzymes, Potato
Low-Risk	The input is not derived from, does not contain derivatives of, or is not produced through a process involving organisms that are presently known to be genetically modified and commercially available. 투입물은 유전적으로 변형되고 상업적으로 이용 가능한 것으로 알려진 유기체를 포함하는 공정을 통해 유래되거나 유도체를 포함하지 않거나 생산되지 않는다.	Lentils, Spinach, Tomatoes, Sesame seeds, Avocados
Non-Risk	The input is not derived from biological organisms and not, therefore, susceptible to genetic modification. 투입물은 생물체에서 유래된 것이 아니므로 유전적 변형을 일으키지 않는다.	
Monitored Risk	The Non-GMO Project carefully monitors the development of new genetically engineered products; we are currently tracki	Flax, Mustard, Rice, Wheat, Apple, Mushroom, Orange, Pineapple, Camelina(false flax), Salmon, Sugarcane, Tomato

| | ng close to 100 products. Of those, we have included the following in our surveillance program, either because they will likely soon be widespread or because of known instances of contamination from GMOs. Non-GMO Project 는 새로운 유전자 조작 제품의 개발을 주의 깊게 모니터링한다. 우리는 현재 100 개 가까운 제품을 추적 중이다. 그중 우리는 감시 프로그램에 다음과 같은 사항을 포함시켰다. 왜냐하면 GMO 의 오염 사례가 널리 알려지기 때문이다. | |

*출처: Non-GMP Project Org

② Non-GMO 인증 단계
• 1 단계: 인증 기관 선택
GMO 프로젝트는 공평한 제품 평가를 제공하기 위해 4 곳의 인증 기관과 협력하고 있다. 각 회사를 조사하여 귀하의 필요에 가장 적합한 것을 찾아야 한다.

• 2 단계: Non- GMO 프로젝트 라이센스 계약서
본 계약은 제품 검증 프로그램 참여 및 Non-GMO 프로젝트의 이름 및 확인 표시 사용에 대한 매개 변수에 대해 설명한다. 확인 표시를 사용할지의 여부에 관계없이 사용권 계약서에 서명해야 한다.

• 3 단계: 제품 평가
계약을 체결하면 원료 및 제조 시설을 평가하는 데 필요한 서류를 요청하게 된다. 제품에 고위험 요소가 있는 경우 GMO 시험 및 현장 검사가 필요할 수 있다. 이는 인증 기관이 결정한다. 확인이 되면 기술 관리자가 귀하에게 준수 인증서를 발행한다.

• 4 단계: 인증 홍보
검증 과정을 완료하면 Non-GMO Project 에서 확인 표시를 보내고 귀하의 제품은 Non-GMO Project 웹사이트 및 쇼핑 응용 프로그램에 등록할 수 있다. 또한 소셜 미디어 및 기타 마케팅 채널을 통해 제품을 홍보하기 위해 협력하게 될 마케팅 팀과 연결된다.

● 5단계: 연간 갱신

제품 확인은 매년 갱신해야 한다. 인증 기관은 초기 평가 이후 변경 사항을 반영해 업데이트 된 문서를 요청한다.

③ 인증 소요기간

평균적으로 프로세스는 제품의 속성 및 제품 평가에 필요한 문서를 제출하는 속도에 따라 3~6개월이 걸린다.

(3) USDA Non-GMP 표기 의무화 제도

최근 USDA에서는 식품 제조업자, 수입업자 및 특정 소매상에게 유전자변형 또는 생물 공학 성분이 포함된 식품 표시를 요구하는 National Bioengineered Food Disclosure Standard 를 발표했다.

National Bioengineered Food Disclosure Standard는 미국의 식량 체계의 투명성을 높이고 생물 공학적 원료를 언제, 어떻게 공개할 것인가에 관한 규제 당국에 대한 지침을 수립하고 있다. 이것은 식품의 성분에 대한 명확한 정보와 라벨 일관성을 소비자에게 보장하는 것이다. 이 표준은 생물공학 식품을 실험실 기술을 통해 변형되고 재래종 육종을 통해 생성되거나 자연에서 발견되는 검출 가능한 유전 물질을 포함하는 식품으로 정의한다. 시행일은 2022년 1월 1일이다. 규제 대상 기업은 2021년 12월 31일까지 자발적으로 이 기준을 준수할 수 있다.
미국 농업부의 농업 마케팅 서비스(Agricultural Marketing Service)는 생물 공학적 형태로 입수할 수 있는 작물이나 식품을 확인하기 위한 생물공학 식품 목록을 개발했으며 규제 대상은 식품에 생물공학 성분 표시를 포함해야 하는지 여부를 알리는 기록을 보관해야 한다.
규제 대상은 텍스트, 기호, 전자 또는 디지털 링크 또는 생체 공학 공개를 위한 문자 메시지를 사용할 수 있다. 또한 소규모 식품 제조 업체나 소규모 패키지의 경우 전화번호와 웹 주소를 사용할 수 있다.

미국의 생물공학 작물 13개와 미국 식품의약청 목록에 있는 식품으로 만든 특정 제품에는 표시가 필요하지 않다. 생물공학 식품 목록은 알팔파, 카놀라, 옥수수, 면화, 감자, 연어, 콩, 호박, 사탕무 및 사과, 가지, 파파야 및 파인애플의 특정 품종이다.

생물공학 작물에서 추출한 정제된 식품의 경우 식품에 검출 가능한 변형 유전 물질이 포함되어 있지 않으면 공개할 필요가 없다. 따라서 정제된 사탕무, 콩기름, 옥수수 감미료는 모두 생물공학 작물에서 추출한 것이므로 새로운 규칙에 따라 생물공학 성분으로 표시할 필요가 없다. 그러나 적절한 물질이 검출되지 않았음을 입증하기 위한 시험이 수행되어야 한다.

(4) Gluten-Free

현재 GFCO의 Gluten-Free 인증이 가장 유명하다. 2005년에 설립된 GIG(글루텐 불내성 그룹)의 업계 프로그램인 GFCO(글루텐프리 인증 기관)는 생산 과정 전반에 걸쳐 품질 평가 및 제어 조치를 사용하여 글루텐프리 제품을 생산하는 업체에게 인증 서비스를 제공하고 있다.

GFCO는 체강 질병 및 기타 글루텐 관련 질환을 앓고 있는 사람이 건강한 삶을 영위할 수 있도록 돕는 비영리 단체인 글루텐 내성 그룹(Gluten Intolerance Group)의 프로그램이다.

① 인증 기준

GFCO는 GFCO 로고를 사용하는 모든 완제품에 글루텐이 10ppm 이하가 되도록 요구하고 있다. GFCO 인증 제품에 사용된 모든 성분은 엄격한 심사를 거쳐야 한다. GFCO 인증 제품에는 보리 기반 성분(Barly)이 허용되지 않는다. GFCO는 완제품 및 고위험 원재료 및 장비에 대한 지속적인 시험이 필요하다.

GFCO 인증 제품을 생산하는 모든 제조 공장은 최소한 연간 심사를 거치며 GFCO 에 대한 완제품 시험을 정기적으로 제출해 검사를 받아야 한다. 그리고 알레르기, 글루텐프리 라벨링 및 Good Manufacturing Practices 에 대한 모든 정부 규정을 준수해야 한다.

② 인증 절차
• 검사를 거쳐 인증받을 모든 제품 및 시설에 대한 신청서 작성 인증 및 감사 비용 견적을 받게 된다.
• 감사 경비(예상되는 검사 및 여행)는 감사가 예정되기 전에 납부해야 한다. 연간 인증 비용은 재료, 제조 공장 및 생산에 영향을 미치는 기타 요소의 위해성 평가를 기반으로 한다.
• GFCO 심사원은 시설의 초기 검사를 수행하거나 협의로 조정될 수 있다.
• 계약서 작성 후 서명하면 GFCO 로고 사용 허가를 받게 된다.
• 마지막으로 인증의 무결성을 유지하기 위해 모든 시설에 대한 연간 검사가 GFCO 공인 검사관에 의해 정기적으로 요구된다. GFCO 는 정기적으로 예고 없이 업체의 시설을 방문하고 시험을 위해 식료품점 선반에서 샘플을 수집할 수 있다.

③ 인증 소요기간
응용 프로그램의 복잡성, 시설 위치 및 공장 검사 평균에 따라 인증 프로세스를 완료하는 데 6~18 주가 소요된다.

(5) Kosher
미국의 주류 시장에 납품하려면 코셔(Kosher)가 대세이다. Kosher 인증 기관은 OU, OK, Star K 등 여러 기관이 있다.

인증 기관마다 약간의 차이는 있지만 대략적인 절차는 다음과 같다(OU 기관 절차 예).
• 인증을 원하는 제품에 사용하기에 합당한 코셔 성분 목록을 작성한다. 이 목록은 Schedule A 로 알려져 있다. OU 의 성분 승인 등록 직원은 이미 승인된 20 만 개가 넘는 재료의 데이

터베이스 레지스트리를 활용하여 모든 성분 문제를 주의 깊게 검토하고 조사한다. 회사가 원자재 공급원을 변경하거나 수정해야 하는 경우 이 광범위한 데이터베이스를 통해 새 출처를 매우 신속하게 찾을 수 있다.

- 심볼을 부착할 수 있는 브랜드 이름 및 특정 제품 목록을 작성한다. 이 목록은 Schedule B로도 알려져 있다. Schedule B 는 제품에 단순한 기호(고기 또는 우유 성분이 포함되어 있지 않음을 나타냄), 'D'(유제품) 또는 'P'(유월절뿐만 아니라 1년 내내 사용하는 코셔)에 대한 정보를 담고 있다.
- 공장에서 코셔 및 비코셔 생산 라인 모두에 종사하거나 유제품 및 원유 생산 모두에 종사하는 경우, 필요한 장비 사용과 관련된 특별 지침을 수립해야 한다. 이 지침에는 윤활제 요구사항 또는 생산 라인 분리를 위한 규정이 포함될 수 있다.
- 랍비는 일정한 간격으로 인증된 공장이 일정 A, 일정 B 및 특별 지시 사항을 준수하는지 확인하기 위해 주기적으로 방문 심사한다.

(6) Halal

미국에서 할랄 인증은 많지 않다. 무슬림 인구가 있지만 무슬림 시장을 타깃으로 하지 않는 한 주류 시장에서 아직까지 많이 요구하지 않는다. 대략적인 절차는 다음과 같다.

- 초기 신청서를 완성하고 정보 키트를 얻어야 한다.
- 신청자에게 질문이 있으면 연락을 취할 수 있다.
- 신청자가 제품 정보 및 증빙 서류를 작성하면 각 공급자의 성분 정보가 조사된다.
- 제출된 제품이 할랄 인증에 적합할 경우 신청자에게 계약 및 수수료가 제공된다.
- 신청자가 계약서 및 수수료를 수락하고, 재료 및 제조 공정이 만족스럽다면 운영 시설을 검사하도록 심사관을 임명한다.
- 이 단계에서 할랄 보증 절차 설명서가 발송된다.
- 심사원은 내부 보관, 준비, 포장 및 완제품 보관 영역을 아래와 같이 검사한다.
  - 저장소에 있는 모든 재료를 검사

- 기계가 할랄용으로만 사용되는지 확인
- 돼지 또는 할랄 제품에 오염이 없어야 함
- 할랄 보증 절차 매뉴얼에 요청된 문서 검토
- 생산 라인
- 실험실 테스트가 필요할 수도 있음
- 경영진과 미팅
• 심사원은 방문과 관련된 보고서를 할랄 자격 심사위원회에 제출해야 한다.
• 할랄 인증 위원회는 보고서를 신중하게 검토하고 추가 권고를 하거나 변경 또는 추가 검사를 요구할 수 있다.
• 할랄 인증 패널이 신청자가 이슬람 의식에 따르는 것으로 만족되면 계약서에 효력이 생긴다.
• 서명된 계약서 및 유료 수수료를 수령하면 적격 인증 제품에 대해 할랄 자격이 부여된다.
• 신청서가 거부되는 경우: 돼지와 파생물이 구내에서 발견된 경우, 응용 프로그램이 카페 또는 레스토랑을 위한 경우, 제품 및 재료가 신청서에 포함되어 있지 않은 경우

(7) Vegan

비건(Vegan) 시장을 타겟으로 한다면 비건 인증도 효과적이다. 비건은 엄격한 채식주의자로 육류, 생선뿐만 아니라 달걀 및 우유도 먹지 않는다.

① 인증 프로세스
신청서는 미국, 미국 영토, 캐나다, 호주 및 뉴질랜드의 회사에서만 수락되지만 인증된 채식주의자 상표권 상표는 전세계에 배포 및 인정된다.
제품에 대해 인증된 채식주의자 로고 인증 상표(이하 '인증 마크')를 소지한 회사는 각 제품이 동물성 원료 또는 동물성 부산물을 함유하지 않은 완전 채식이어야 하며 제조 시 동물성 원료 또는 부산물을 사용하지 않음을 보장한다.

비건은 개별 제품에 대해서만 인증할 수 있다. 우리는 모든 회사, 제조 업체, 유통 업체, 주방, 식당, 식품 트럭, 사람, 농장, 조직, 웹사이트 또는 인체에서 추출된 성분이 포함된 제품을 인증하지 않는다. 또한 채식 인증을 받기 위해서는 제품을 포장 또는 포장재로 판매해야 한다.

② 인증 자격 기준
- 2000년 이후 개별 성분 또는 최종 제품에 대한 동물 시험이 관여된 제품은 받아들이지 않는다. 동물 실험이나 임상 실험을 포함하여 동물 실험은 동물을 "학대하거나 상처를 입히거나 살해하지 않는다"고 인정하지 않는다.
- 발효 물질은 동물이 베이스가 아닌 것이어야 하며 문서가 필요하다.
- 유제품 선발은 허용되지 않는다.
- 인간 또는 비인간 동물의 변종을 허용하지 않는다.
- 식물 재배에 사용된 비료에 대한 문서화를 요구하지 않는다.
- 식물 성분(예: 팜 오일, 코코아 등)의 수확에 대한 문서화를 요구하지 않는다.
- 동물 유전자는 허용되지 않지만 비동물 GMO는 허용한다.
- 과일과 채소가 특정 종류의 포장재료로 포장된 경우엔 인증을 받아야 한다.
- 제품은 육류, 생선, 가금류, 동물 부산물, 계란, 우유, 꿀 등의 동물 성분을 포함하지 않아야 한다.
- 설탕이 성분인 경우 설탕 제조 업체의 문서에 뼈숯을 사용하여 필터링되지 않아야 한다. 액상 감미료가 성분이라면 뼈 숯불로 청결화하거나 변형되지 않는 것을 보여 주는 문서가 필요하다.
- 주요 제품 또는 성분이 맥주, 포도주, 식초 또는 과일 주스인 경우, 동물 부산물이 청정제로 사용되지 않음을 나타내는 진술서가 필요하다.
- 회사 또는 모기업이 아닌 브랜드별 동물 시험 적용 가능성을 결정한다.

(8) Wholefoods 납품 요건

홀푸즈(Wholefoods)는 인공 첨가물을 포함하지 않아야 납품할 수 있다. '자연 식품 제품' 및 식품 첨가물에 대한 의견을 피하기 위해 많은 정의가 있다. 홀푸즈는 다른 기준 중에서도 수소 첨가 지방 및 인공 색소, 향료, 방부제 및 감미료에 관해 한 가지를 제시한다. 다음은 음식에서 허용되지 않는 성분 목록이다.

A

acesulfame-K(acesulfame potassium)

acetylated esters of mono- and diglycerides

ammonium chloride

artificial colors

artificial flavors

artificial preservatives

artificial sweeteners

aspartame

azodicarbonamide

B

benzoates in food

benzoyl peroxide

BHA(butylated hydroxyanisole)

BHT(butylated hydroxytoluene)

bleached flour

bromated flour

brominated vegetable oil(BVO)

C

calcium bromate

calcium disodium EDTA

calcium peroxide

calcium propionate

calcium saccharin

calcium sorbate

calcium stearoyl-2-lactylate

caprocaprylobehenin

carmine

certified colors

cyclamates

cysteine(l-cysteine), as an additive for bread products

D

DATEM(Diacetyl tartaric and fatty acid esters of mono and diglycerides)

dimethylpolysiloxane

dioctyl sodium sulfosuccinate(DSS)

disodium calcium EDTA

disodium dihydrogen EDTA

disodium guanylate

disodium inosinate

E

EDTA

ethyl vanillin

ethylene oxide

ethoxyquin

F

FD & C colors

foie gras

G

GMP(disodium guanylate)

H

hexa-, hepta- and octa-esters of sucrose

high fructose corn syrup

hydrogenated fats

I

IMP(disodium inosinate)

L

lactylated esters of mono- and diglycerides

lead soldered cans

M

methyl silicon

methylparaben

microparticularized whey protein derived fat substitute

monosodium glutamate(MSG)

N

Natamycin

P

partially hydrogenated oil

polydextrose

potassium benzoate

potassium bromate

potassium sorbate

propionates

propyl gallate

propylparaben

S

saccharin

sodium aluminum sulfate

sodium benzoate

sodium diacetate

sodium glutamate

sodium nitrate/nitrite

sodium propionate

sodium stearoyl-2-lactylate

solvent extracted oils, as standalone single-ingredient oils(except grapeseed oil).

sorbic acid

sucralose

sucroglycerides

sucrose polyester

sulfites(except in wines, meads and ciders)

synthetic nitrates/nitrites

T

TBHQ(tertiary butylhydroquinone)

tetrasodium EDTA

V

vanillin, when not naturally derived

(9) Trader Joe's 요구 사항

Trader Joe's 는 브로커, 유통 업체, 판매 대리점 또는 기타 중개인을 통해 구매하는 것이 아니라 제조 업체 또는 재배자와 직접 거래한다. Trader Joe's 의 브랜드 제품에는 인공 향료, 인공 방부제, MSG, 트랜스지방, rBST 출처의 유제품 성분 또는 유전자변형 성분이 들어 있지 않다.

Trader Joe 의 브랜드 제품에는 자연스럽게 사용할 수 있는 제품에서만 파생된 색상이 포함되어 있다. Trader Joe 는 GMP 및 HACCP 를 포함한 다양한 식품 안전 인증을 보유한 FDA 또는 USDA 의 허가 및 상업 생산 시설에서 생산된 제품만 구매한다.

모든 공급 업체는 USDA 를 사용하여 영양 및 식품 과학 교육을 받은 자격을 갖춘 전문 업체가 수행하는 경우 제3자 연구소 분석(AOAC 방법만 해당) 또는 전산화 레시피 분석을 통해 생산한 제품에 대해 영양 분석을 제공할 준비가 되어 있어야 한다. 모든 공급 업체는 검증된 타사 실험실 유효기간 실험결과를 제공할 준비가 돼 있어야 한다. 모든 공급 업체는 제품 책임 보험을 제공할 준비가 있어야 한다.

쉬어 가는 페이지

"미세먼지와 식품안전"

최근 나는 한국을 방문하고 미세먼지를 제대로 체험하였다. 계절별로 자주 한국에 출장을 와서 보았지만 이렇게 심했던 적은 처음이다. 마침내 목감기가 걸리고 계속 콜록거리면서 한국 출장내내 기침을 했다. 미국 식품안전화 현대화법(FSMA)의 주요 개념은 리스크 베이스의 위해요소 관리이다. 외부 공기의 식품 접촉은 단기적, 장기적으로 인체에 영향을 미칠 수 있는 위해요소라는 생각이 들었다.

최근 경상대학교 농업생명과학대학 원예생산공학연구실에서는 '미세먼지가 식품안전에 미치는 영향에 대한 인식조사' 결과를 발표했다. 10명 중 9명이 미세먼지가 식품에 영향을 미칠 것이라는 우려를 나타냈다. 농식물의 생산과 유통과정에 영향을 미칠 것이라는 우려와 길거리 음식 등에도 영향을 미칠 것이라는 우려를 보이고 있다. 본인 또한 한국에서 길거리 음식을 오랜만에 먹으면서도 이 미세먼지가 음식에 분명히 묻어 있거나 국물에 빠질 텐데 하면서 찝찝한 마음으로 먹기도 하였다.

하지만 미세먼지가 식품에 미치는 영향에 대해서 체계적인 연구조사나 논문이 많이 없는 것으로 안다. 내가 사는 캘리포니아의 경우에는 대기관리청(AQMD)이 별도로 있어서 대기만을 관리하고 있다. 캘리포니아가 다른 주보다 환경에 신경을 쓰고 있어서 많은 제조 업체들이 캘리포니아에서 비지니스를 하기가 쉽지 않다. 하지만 결국 제조업들이 그 기준을 만족하기 위해서 기술을 발전시키며 환경법에 적응하고 있다. 예를 들어 캘리포니아의 경우에 타주보다도 휘발유 가격이 높은데 이는 기름에 부과되는 유류세 이외에 캘리포니아의 환경 기준을 맞추기 위해서 정제비용이 더 들어가기 때문이다. 당장에 그 비용이 소비자에게 부담이 가지만 장기적으로 국민의 안전을 생각하면 긍정적 효과가 많다. 미국에는 큰 버스나 큰 트럭이 아니면 다 휘발유로 운용되나 한국에서의 경유차가 일반 승용차에도 있는 것을 보고 내심 대기환경에 괜찮을까라는 생각을 했었다.

이제는 미세먼지가 식품에 주는 영향에 대한 학문적, 실무적 연구가 필요하고,

미세먼지 위해요소가 인지되면 식품안전 계획에 집어넣어야 할 때인 것 같다. 미국 식품안전화 현대화법의 경우에 리스크에 근거한(Risk-based) 식품 예방 관리여서 정부가 공표한 위해요소 외에도 인더스트리에서도 자체적인 주의의무로써 식품 제조 및 판매/유통단계에 일어날 수 있는 위해요소를 파악하고 예방하도록 되어 있다.

우리 농수산물의 경우에는 외부에서 자연광으로 말리는 식품이 많은 것으로 알고 있다. 또한 농수산물엔 직격탄이다. 미세먼지와 상관없이 외부 환경에 오픈되어 말리는 것 자체가 미국 식품관리 기준에 적합하지 않을뿐더러 미세먼지를 생각하면 더욱더 주의를 요하는 과정이 될 수 있다. 또한 길거리 음식들이 외부에 오픈이 되어 조리하다 보니 미세먼지에 직접적인 영향을 받을 수 있어서 대책이 필요하다.

소비자들을 안심시켜서 매출이 저하되지 않도록 하려면 이에 대한 가시적인 대책을 세우고 시행하는 노력이 필요하다. 한국 유관기관은 위해요소를 파악하고 필요 시에는 관련법을 제정할 것도 고려해 봐야 한다. 미세먼지 위해요소는 HACCP의 생물학적, 화학적, 물리적 위해요소 중에 화학적이나 물리적 위해요소의 범주에 들 수 있다. 최근에 미세 플라스틱의 경우도 음식품에 혼입되어 영향을 주고 있으나 관련 법규나 연구 결과들이 많지 않은 것으로 보인다. 앞으로 이 또한 위해요소 관리의 대상이 될 것으로 보인다.

미세먼지로 인해 장기적으로 인체의 장기에 손상을 줄 수 있다는 기사, 그리고 치매에도 영향을 준다는 기사들을 접할 때 심히 걱정스럽지 않을 수 없다. 미세먼지가 한국산 식품에 끼치는 영향에 대한 환경평가가 필요하다. 특별히 외부에 노출된 농산물과 가공식품의 공정에 대해서 수입국인 미국, 캐나다 등에서 한국을 미세먼지 위험 국가로 분류할 수도 있다. 일본의 방사능 누출 사고로 FDA의 식품안전화 현대화법에 방사능 위해요소가 화학적 위해요소 범주에 속해서 필수적으로 분석을 하듯이 조만간 미세먼지에 대한 위해요소 분석도 의무가 될 날이 올 수도 있을 것이다. 미세먼지를 마시는 것만 걱정할 것이 아니라 음식을 통해 입으로도 들어갈 수 있다는 현실이 안타깝다.

14.
미국 식품 수출을 위한 단계별 점검 사항

1) 미국 식품 수출 개요 및 흐름도

미국 식품 수출을 위해서는 다음과 같다. 관세 부분이나 CBP 신고 사항은 논외로 한다. 아래 흐름도의 경우 사실 병행해도 되고 순서에 크게 상관이 없으나, 보통 위에서 아래 단계로 점검하는 것이 합리적이다. 예를 들어 성분 검토를 하지 않고 다른 사항을 준비했다가 미국에서 허용되지 않는 성분이 들어 있어 수출 자체가 불가한 경우가 있으므로 아래로의 단계가 합리적이라고 본다.

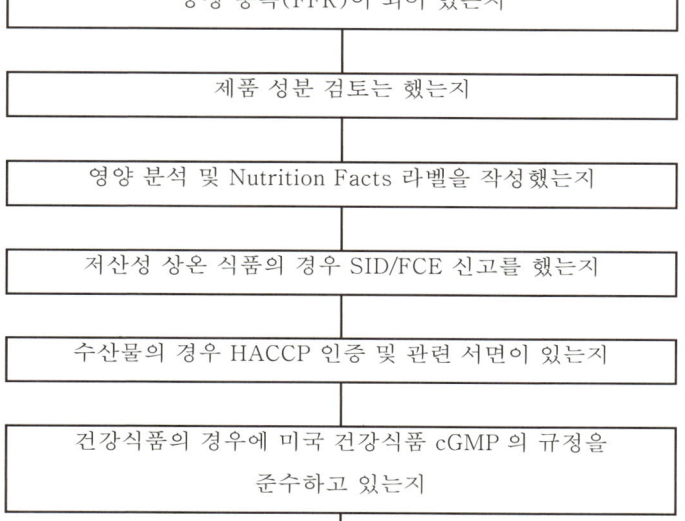

대미 식품 수출 흐름도

공장 등록(FFR)이 되어 있는지

제품 성분 검토는 했는지

영양 분석 및 Nutrition Facts 라벨을 작성했는지

저산성 상온 식품의 경우 SID/FCE 신고를 했는지

수산물의 경우 HACCP 인증 및 관련 서면이 있는지

건강식품의 경우에 미국 건강식품 cGMP 의 규정을 준수하고 있는지

일반식품의 경우 제조자는 인간용 식품규정(PCHF)을 준수하는지

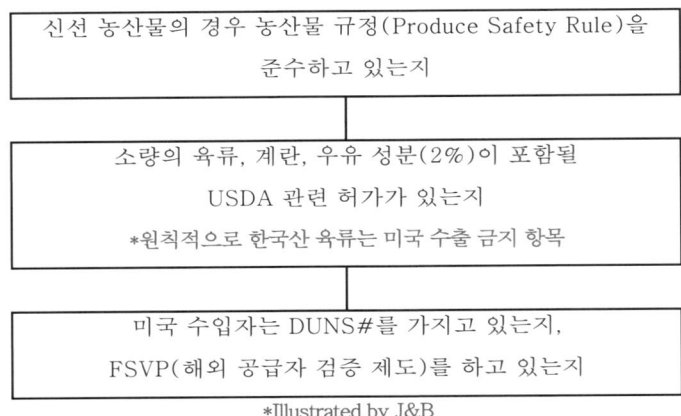

(1) 제조시설 및 수출자의 시설 등록(FFR: Food Facility Registration)

미국에서 식품 통관을 위해서는 FFR 넘버가 필요하다. 보통 'FDA#'라고도 하고 'FDA 등록'이라고도 하고 한국에서 부르는 이름은 다양하다. FFR은 2001년에 미국 테러 발생 이후 미국에서 소비되는 식품을 제조하는 시설을 FDA에 등록하고 관리하는 제도이다.

한국의 어떤 수출업체는 FDA 인증이나 허가를 얻은 것처럼 광고하는데 이는 과대 광고 또는 허위 광고가 될 수 있다. FDA는 공장에 대해서 허가를 내거나 인증을 직접 하지 않는다. 다만 VQIP(Voluntary Qualified Importer Program·수입자 적격제도)가 생겨서 제3자 인증 기관을 통해 FSMA 규정 준수를 심사한 뒤에 이를 VQIP로 승인하지만 이와는 별개의 항목이다.

FFR 등록은 무료이며, 인터넷을 통해 신청할 수 있다. FDA의 OAA[37]에 접속하여 신청하면 된다.

FFR 등록에 필요한 정보(영문으로 필요)는 다음과 같다.

- 회사명
- 회사 주소
- 회사 대표 이름
- 담당자 이름
- 회사 전화번호
- 회사 팩스(옵션)

---

[37] https://www.access.fda.gov/oaa/

- 담당자 이메일 주소
- 생산 품목
- 미국 내 에이전트의 이름, 주소, 전화번호, 이메일, 팩스(옵션)

FFR 등록 웹사이트 화면

신청은 본인 또는 US 에이전트가 할 수 있다. 먼저 OAA에 들어가서 회원가입을 한 뒤에 ID를 받고 비밀번호는 자기가 지정할 수 있다. 컨설팅 업체가 대신 해 준 경우라도 FDA 규정상 ID와 비밀번호를 해당 업체와 공유해야 한다.

ID와 비밀번호를 받았으면 다시 접속하여 시설 등록을 해야 한다. 들어가서 'Food Facility Registration'을 클릭한 뒤 필요한 정보를 입력하면 된다. 다 입력하고 제출하면 FDA에서는 US 에이전트에게 먼저 확인 이메일을 발송하고 US 에이전트가 확인해야 FFR 번호가 부여된다. 보통 며칠에서 2주 정도 걸린다.

그리고 2년에 한 번씩 갱신을 해야 한다. 10월부터 12월까지가 해당 기간이므로 놓치지 말고 갱신해야 한다. FDA 온라인 ID와 비밀번호를 잘 관리해야 한다.

(2) 성분 검토

미국 수출 시 제일 중요한 단계이다. 미국 식품 통관 거부 사례 중에 손까락에 꼽을 정도로 이것 때문에 문제가 생겨 통관이 거부되고 폐기되는 사례가 빈번하다. 특히 미국에서 허가되지 않은 색소나 첨가제는 반드시 확인해야 한다. 대표적으로 우리나라에서 많이 쓰나 미국 허가가 나지 않은 색소가 치자색 황색소이다. 한국에서 보편적으로 쓴다 해도 반드시 미국에서 허가된 것인지 확인해야 한다. 본인 지식이나 정보에 한계가 있으면 전문 컨설팅 기관에 의뢰하는 것도 한 방법이다.

미국에 허가된 색소나 첨가제를 확인하려면 FDA 웹사이트[38]에서 확인하거나 구글에서 'Approved color and additives FDA'로 검색하면 된다.

또 하나의 방법은 GRAS(Generally Recognized As Safe)로 검색한다.[39] GRAS 란 식품 첨가제로 쓰기에 적합한지 인정해 주는 제도로 FDA 에 GRAS 청원을 제출하거나 아니면 업체가 자체적으로 FDA 에 등록하는 것처럼 역사적으로 쓰인 기록이나 똑같은 과학적 독성 시험 결과 등의 자료와 전문 패널 등의 의견서를 가지고 있어야 한다.

특히, 한국 식품은 복합 원료가 많기 때문에 2 차, 3 차, 4 차, 5 차까지 쓰는 경우가 있다. 미국의 클린 라벨 추세 속에서 원료를 간단히 쓰는 것과는 대조적 양상으로 라벨링 표기에도 적잖은 혼란을 가져올 수 있다. 복합 원료에 있는 첨가제도 허용되는 첨가제인지 확인해야 한다.

최근에 부분경화유의 사용이 금지되었다. 부분경화유(Partially Hydrogenated Oil·PHO)가 원료에 들어가는지 확인해야 한다. PHO 는 FDA GRAS 목록에서 제외되었으며 2018 년 6 월 18 일부터는 금지 항목이니 주의해야 한다.

건강식품 성분은 건강식품의 원료로 사용 허가가 났는지 확인해야 한다. 미국 건강식품 규정인 DS cGMP 에서는 1994 년 10 월 15 일 이전에 미국에서 시판된 적이 있는 원료에 대해서는 인정해 주고 있으나 그 이후에는 NDI(New Dietary Ingredient) 신고를 해 FDA 승인을 받아야 한다. 1994 년 10 월 15 일 이전에 사용된 원료라는 것을 입증하기 위해서는 미국에서 사용되었다는 증거나 판매된 증거를 가지고 있어야 한다.

그리고 라벨링에 표기할 알레르기 물질을 파악하고 있어야 한다. 미국 FDA 에서는 8 가지 알레르기 물질을 표기하도록 한다.

> FDA 8 대 알레르기 물질
> 우유, 계란, 땅콩, 견과류, 생선, 갑각류, 콩, 밀

한국처럼 복합 성분들을 많이 쓰고 있는데 2 차, 3 차, 4 차 성분에 알레르기 물질을 쓰고 있다면 반드시 표기해야 한다.

한국산 육류는 수출이 금지돼 있어서(일부 삼계탕 제품 제외) 육류 제품이 들어가면 수출이 안 되고 소량의 경우, 즉 가공식품은 2% 이내, 가공 전 제품은 3%까지 허용되나 USDA 의 허가가 필요하다. 기타 우유와 계란이 들어간 성분도 USDA 의 허가를 받아야 한다.

---

[38] https://www.fda.gov/forindustry/coloradditives/coloradditiveinventories/ucm115641.htm

[39] https://www.accessdata.fda.gov/scripts/fdcc/?set=GRASNotices

(3) 라벨링

성분 검토가 끝나면 영양 정보 표시(Nutrition Facts)와 성분 리스트 등의 정보를 기재해야 한다. 필수 기재 사항으로는 제품명(Statement of Identity), 영양 정보(Nutrition Facts), 성분 리스트(Ingredient List), 중량 표시(Net weight), 알레르기 표기(Allergen Declaration), 제조자 또는 유통자 정보가 있다.

① 기재내용

제품명은 보통명사로 기재해야 한다. 한국 제품의 경우 미국 수출 때 브랜드명을 그대로 쓰는 경우가 많은데 통관에서 문제가 되는 경우가 많다. FDA 는 제품을 영어로 인지하기 때문에 아무리 한국에서 알려진 제품을 브랜드명으로 쓴다 해도 FDA 에서는 알 수가 없다. 반드시 보통명사를 써야 한다.

또한 원칙적으로 외국어로 제품 전면에 표기할 때는 영어로 병기하는 것이 원칙이다. 그러나 현실적으로 미국에만 수출하는 것이 아니므로 국문으로만 전면 포장지에 써 있으면 FDA 에서 문제될 소지가 많다. 스티커로 붙여 사용하는 경우에는 제품명이라도 최대한 보통명사로 써서 이 제품이 무엇인지 알 수 있게 해야 한다.

중량 표시는 'Net Wt'라고 표기하고 Oz 와 괄호 안에 g 수를 같이 쓴다(예: 2oz(57g)). 그 다음은 영양 정보 표시인데 특별히 2020 년 1 월부터는 라벨 형식이 바뀌므로 이에 대한 준비가 필요하다. 연 매출액이 1000 만 달러 이하인 업체(수출 포함 총매출액 기준)는 2021 년 1 월부터 시행한다. 기존 영양 정보 표시와의 차이점은 칼로리와 서빙 사이즈 부분이 커졌다는 점, 인공적으로 첨가된 설탕 함량의 표기, 일부 미네랄 항목의 아이템 변경(비타민 A, C 가 빠지고 비타민 D, Potassium 이 들어간 점) 등이다.

② 새로운 라벨링 규격

새로운 라벨링의 특징으로는,
- Serving Size: 글자 크기가 커지고 Serving size 가 실제 소비자들이 섭취하는 양을 현실적으로 반영해 갱신됐다. 예를 들어 아이스크림의 경우 전에는 One serving 이 1/2cup 이었으나 새롭게 2/3cup 으로 바뀌었다(자세한 Serving size 기준은 FDA 웹페이지 참조).
- 칼로리: 글자가 커지고 볼드체로 표기했다.
- Fat: 'Calories from Fat'은 삭제되었다. 어떤 종류의 Fat 이 있는지가 중요하기 때문이다.

- Added sugar: 공정상 인공적으로 첨가된 설탕 성분을 표기하도록 했다. Sugar 로는 Free, Monosaccharides, Disaccharides 와 시럽 및 꿀로부터 나오는 슈거, 과일 및 채소 농축액에서 나오는 슈거 등이 있다.
- 영양소 표시: Vitamin D 와 Potassium 이 새로 들어가고 Vitamin A 와 C 는 빠진다.
- Daily Value(DV): 하단에는 Daily Value 에 대한 설명을 집어넣어 소비자의 이해를 돕고 있다.

새로운 영양 정보(Nutrition Facts) 표시 포맷

첨가된 설탕 부분은 포뮬라상에 들어간 설탕 함량을 찾아 계산을 해야 한다. 설탕에는 일반 설탕, 콘시럽, 꿀, 메이플 시럽 등이 포함된다.

영양 성분은 실험을 통해 얻는 방법과 각 성분의 영양 정보를 제조사부터 얻어 계산하는 방법이 있다. 보통 실험을 통해 영양 분석을 한 뒤에 포맷에 맞게 작성하면 된다.

영양 성분을 넣을 때는 FDA 의 반올림 법칙(Rounding Rule)에 따라야 한다. 영양소별로 구간마다 반올림하는 방식을 특정화했으므로 확인하고 반올림해야 한다.

FDA Nutrition Fact Rounding Rule

Nutrient	Increment Rounding	Insignificant Amount
Calories (1) Calories from Fat (1)(ii) Calories from Saturated Fat (1)(iii)	< 5 cal - express as 0 ≤50 cal - express to nearest 5 cal increment > 50 cal - express to nearest 10 cal increment	< 5 cal
Total Fat (2) Saturated Fat (2)(i) Trans Fat (2)(ii) Polyunsaturated Fat (2)(iii) Monounsaturated Fat (2)(iv)	< .5 g - express as 0 < 5 g - express to nearest .5g increment ≥5 g - express to nearest 1 g increment	< .5 g
Cholesterol (3)	< 2 mg - express as 0 2 - 5 mg - express as "less than 5 mg " > 5 mg - express to nearest 5 mg increment	< 2 mg
Sodium (4) Potassium (5)	≤ 5 mg - express as 0 5 - 140 mg - express to nearest 5 mg increment > 140 mg - express to nearest 10 mg increment	≤ 5 mg
Total Carbohydrate (6) Dietary Fiber (6)(i) Sugars (6)(ii)	< .5 g - express as 0 < 1 g - express as "Contains less than 1 g" or "less than 1 g" ≥1 g - express to nearest 1 g increment	< 1 g
Soluble and Insoluble Fiber; Sugars (6)(i)(A)&(B)&(6)(ii) Sugar Alcohol (6)(iii) Other Carbohydrate (6)(iv)	< .5 g - express as 0 < 1 g - express as "Contains less than 1 g " or "less than 1 g" ≥1 g - express to nearest 1 g increment	< .5 g
Protein (7)	< .5 g - express as 0 < 1 g - express as "Contains less than 1 g" or "less than 1 g" or to 1 g if .5 g to < 1 g ≥1 g - express to nearest 1 g increment	< 1 g

그리고 Daily Value 의 계산도 반올림 법칙이 적용된다.

서빙 사이즈는 FDA 의 RACC(Reference amounts customarily consumed) 지침을 따라야 한다.[40]

---

[40] https://www.accessdata.fda.gov/scripts/cdrh/cfdocs/cfcfr/CFRSearch.cfm?fr=101.12

FDA RACC 서빙사이즈 가이드라인 예

Product category	Reference amount	Label statement
Bakery Products:		
Bagels, toaster pastries, muffins(excluding English muffins)	110g	_piece(s)(_g)
Biscuits, croissants, tortillas, soft bread sticks, soft pretzels, corn bread, hush puppies, scones, crumpets, English muffins	55g	_piece(s)(_g)
Breads(excluding sweet quick type), rolls	50g	_piece(s)(_g) for sliced bread and distinct pieces(e.g., rolls); 2oz(56g/_inch slice) for unsliced bread

그 다음에 중요한 사항은 성분 리스트 표기 방법이다. 보통 내림차순으로 중량이 많이 들어간 성분부터 표기한다. 성분은 보통명사로 쓰고 브랜드명을 쓰지 않는다. 또한 2차, 3차 등의 복합 성분은 괄호를 이용하여 다 표기하는 것이 원칙이다.

제일 중요한 것은 알레르기 표기 방법이다. 최근에도 한국 식품 수입업체가 제품에 알레르기를 표기하지 않아 리콜된 바 있다. 미국 리콜 3분의 1이 알레르기 표기 미비로 발생하므로 각별히 주의해야 한다. 2차, 3차 성분에 미량의 알레르기 물질이 들어가도 반드시 표기해야 한다.

③ 알레르기 표기 방법

Food Allergen Labeling and Consumer Protection Act [FALCPA], 2004)는 Federal Food, Drug, and Cosmetic Act 의 개정 법안으로 알레르기 성분이나 주요 8가지 알레르기 성분을 포함한 단백질이 있는 경우에 라벨에 공표하도록 요구하는 법안이다(2006년 1월 1일부터 시행). 한국에서는 알레르기가 큰 이슈는 아니지만 미국에서는 알레르기를 가진 사람이 많으므로 이 법을 이해하는 것이 매우 중요하다(미국 성인의 약 2%, 유아의 약 5%가 알레르기 보유자로 추산). 레이블상 알레르기 표기 사항 위반 시에 리콜 조치를 당할 수 있으므로 매우 신중하게 라벨을 검토해야 하며 전문가의 도움을 받을 것을 권한다.

알레르기 성분은 매우 여러가지이나 FDA 에서는 8 가지 "Major food allergen" 으로 Milk, Eggs, Fish, Crustacean shellfish(갑각류), Tree nuts(견과류), Peanuts, Wheat, and Soybeans 를 명시하고 있다. 약 90%의 알레르기 발병이 이 8 가지 물질로부터 나온다는 FDA 의 통계가 있다. Gluten 에 알레르기 반응을 보이는 사람도 있으나 아직 Gluten 에 대해서는 자발적으로 표기한다.

알레르기 물질을 표기하는 첫 번째 방법은 Ingredient list 에 Ingredient 의 성분 소스를 괄호 안에 넣는 방법이다. 예를 들어 아래와 같이 쓸 수 있다.

Ingredients: Enriched flour(wheat flour, malted barley, niacin, reduced iron, thiamin mononitrate, riboflavin, folic acid), sugar, partially hydrogenated soybean oil, and/or cottonseed oil, high fructose corn syrup, whey(milk), eggs, vanilla, natural and artificial flavoring) salt, leavening(sodium acid pyrophosphate, monocalcium phosphate), lecithin(soy), mono-and diglycerides(emulsifier)

두 번째 방법은 'Contains'라는 표기를 별도로 쓰는 방법이 있다. 예를 들어 아래와 같이 쓸 수 있다.

Contains Wheat, Milk, Egg, and Soy

FALCPA 규정은 Tree nut, Fish, Crustacean shellfish 에 대해서 특정 종까지 쓰도록 요구하고 있다. 예를 들어 Tree Nut(Almonds), Fish(Bass), Crustacean Shellfish(Shrimp)과 같이 표기하는 것이다.

Flavor, Color, 첨가제도 알레르기 사항을 표기하여야 한다. 농산물에는 적용이 되지 않는다. 한 공장에서 여러 가지 알레르기 재료를 가공하는 경우에는 Cross-contact 의 염려가 있어서 간혹 'The product was manufactured in the facility processing other allgergens'라고 표기하는 경우가 있지만 교차오염 시에 책임을 면해 주지 않는다. 제조자가 교차오염을 일으키지 않도록 PC Rule 상의 Allergen Control 을 하여야 한다.

성분 및 알레르기 표시 예

```
INGREDIENTS:

Rice, Black Soy Bean, Vegetable Fats
and Oils (Rapeseed, Palm), Salt,
Pepper, Yeast Extract Powder,
Kumbu Extract Powder, Fish Sauce
Powder (Atka Mackerel), Tapioca
Starch, Sorbitol, Monosodium
Glutamate, Disodium 5'-
Ribonucleotides, Soy Lechitin

CONTAINS: SOY, FISH (ATKA
MACKEREL)
```

가끔 교차오염의 위험을 우려해 다음과 같은 경고 문구를 붙이는 경우가 있는데 이것은 필수 사항은 아니고 옵션이다. 소비자에게 하나의 경고를 주는 것이나 제조사는 여전히 알레르기 교차오염 방지 의무를 다해야 한다.

알레르기 교차오염 경고 문구의 예

```
Warning: This product was processed in the facility where other
allergens are processed.
```

기타 유통기한의 표기 및 주에 따라 재활용 가능한 플라스틱 용기에 판매하는 경우에는 재활용 가능한 주를 표시해야 한다.

④ 라벨 작성 시 흔히 하는 실수
- 알레르기 표기 미비: 미국 알레르기는 한국과 달리 8가지이다(우유, 계란, 대두, 생선, 견과류, 땅콩, 갑각류, 밀). 생선과 견과류는 괄호 안에 특정 종을 넣어야 한다.
- 잘 읽을 수 없음: 해당 영역별 글자의 최소 크기가 정해져 있다. 읽을 수 있도록 만들어야 한다.
- 외국어 표기 문제(영문 병기): 원칙은 외국어를 쓰면 영어를 병기하도록 되어 있다.
- 제품명 보통명사 문제: 브랜드명을 제품명으로 쓰면 안 된다. Product Name 은 보통명사로 쓰고 브랜드명을 같이 쓰도록 한다.

- 반올림 문제(Nutrition Values): 각 영양 정보별로 반올림 법칙이 있는데 이것을 무시하는 경우가 있다.
- 성분명 문제: 성분명도 보통명사로 써야 한다. 성분의 브랜드명을 쓰면 소지자가 알 수 없기 때문이다.
- 금지된 성분: 미국에서 허용되지 않은 성분이 기재돼 있는 경우이다.
- 제품 원산지 표기 미비: 미국 관세법상 표기하도록 돼 있다.
- 2차 성분 문제: 2, 3차 등의 복합 성분은 괄호를 이용하여 표기해야 한다. 복합 성분의 알레르기 도 빠지지 않고 표기해야 한다.
- 건강식품의 경우: 건강식품에 해당하는 경우에는 Nutrition Facts 가 아닌 Supplement Facts 를 써야 한다.

쉬어 가는 페이지

"클린 라벨과 한국 식품"

칼럼 – Jay Lee(J&B Food Consulting 대표)

미국에선 몇 년 전부터 클린 라벨(Clean Label)이 식품의 트렌드가 되어 최대한 단순한 원재료에 인공 첨가물은 배제하는 게 대세이다. 미국으로 수출되는 한국 제품을 분석(해외 공급자 검증 제도·FSVP)하다 보면 대부분이 너무 많은 성분과 감미료, 인공 첨가물을 사용하는 것을 보게 된다. 한국에서 팔던 제품을 가감 없이 미국에 보내는 경우도 있지만 많은 경우 미국의 식문화를 이해하지 못해 그런 사례도 있다.

한국 음식은 여러 재료를 섞어 만들고 특히 발효 음식이 많다. 예를 들면 김치처럼 다양한 원료를 섞어 감칠맛 나게 하는 것이 전통 음식이다. 소비자의 입맛을 맞추기 위해 감미료, 첨가물, 향을 쓰기도 한다. 그러다 보니 미국 수출 시에 성분 검토의 어려움, 알레르기 성분 미표기로 인한 리콜, 성분 표기 누락, 클린 라벨이라는 주류 시장으로의 진입 어려움 등이 생긴다.

미국 제품은 많아야 2차 성분 정도이다. 이에 반해 한국 제품은 2차, 3차, 4차 심지어 5차 성분까지 섞여 있는 것을 보았다. 영양 정보란에 표시할 공간이 부족할 뿐만 아니라 성분 미표시로 인한 FDA의 통관 거절 또는 리콜도 당할 수 있어 딜레마인 경우가 많다.

2차, 3차 등의 하위 성분에 소량의 알레르기 물질(FDA 지정 8개 알레르기 물질: 밀, 우유, 계란, 대두, 땅콩, 생선, 갑각류, 견과류)이 있으면 빠뜨리지 말고 표기란에 기입해야 하는데 간혹 하위 성분에서 알레르기 파악 불가 또는 공간 부족으로 인한 누락으로 리콜되는 경우도 보았다.

미국 수출 전에 꼭 해야 할 것이 제품 성분이 미국에서 허용되는 것인지의 여부다. 하위 성분은 추적이 어렵고 소량이라는 생각에 실수 또는 고의로 빠뜨린 경우 FDA의 랜덤 샘플링에서 발견되면 리콜, 수입 거절 등의 불이익을 받게 된다.

특히 미국 백인 시장을 대상으로 한다면 클린 라벨을 위해 성분을 간소화하고 식품 첨가물을 줄이는 것이 필요하다. 애플 아이폰의 성공 요인 중 하나가 단순한 콘셉트인 것처럼 식품 또한 간단한 성분과 자연 또는 유기농 제품이 미국에선 대세이다.

음식은 문화이다. 다른 인종이 한류 열풍을 타고 우리 음식을 찾아 먹는 것도 좋지만 그들의 식습관이나 트렌드를 연구해 현지화하는 전략도 필요하다. 제품 개발 시 최대한 투입 성분을 줄이고 인공 첨가물을 제한해 프리미엄 제품으로 포지셔닝하는 것이 중요하다.

미국 수출용 제품뿐만 아니라 이제 한국 소비자를 위해서도 클린 라벨의 무첨가 제품을 개발해 고객층을 확보하는 것도 좋은 방법이다. 최소한의 성분과 최대한의 맛, 영양을 충족시키는 전략을 만들어야 한다. 뿐만 아니라 성분 간소화 등은 생산 공정의 간소화, 공급망·공급처 관리의 단순화로 식품 안전 또한 효과적으로 운영할 수 있을 것으로 생각된다.

인공 첨가물을 대체하는 자연 물질, 클린 라벨 제품 개발로 타사와의 경쟁 우위 및 미국 주류 시장 진출이라는 두 마리 토끼를 잡을 수 있고 이것은 4차 산업혁명 시기에 기회가 될 수도 있다고 생각된다.

⑤ 병 리사이클링 표기

리사이클이 가능한 병, 플라스틱, 캔류는 주별 리사이클 프로그램을 확인한 후 용기에 재활용 여부를 표시해야 판매자(리테일 스토어) 및 소비자가 리사이클 환급을 받을 수 있다.

병 표기 현황

주	요약		
	리펀드 금액	커버되는 음료	커버되는 용기들
California	5¢(<24oz.) 10¢(≥24oz.)	Beer, malt, wine and distilled spirit coolers; all non-alcoholic beverages, except milk. Excludes vegetable juices over 16oz.	Any container composed of aluminum, glass, plastic, or bi-metal; Exempts refilables
Connecticut	5¢	Beer, malt, carbonated soft drinks, bottled water	Any sealed bottle, can, jar, or carton composed of glass, metal or plastic; Excludes containers over three liters containing non-carbonated beverages, and HDPE containers
Hawaii	5¢	Beer, malt, mixed spirits and wine; all non-alcoholic drinks, except dairy products	Any container up to 68oz. composed of aluminum, bi-metal, glass, or plastic
Iowa	5¢	Beer, wine coolers, wine, liquor, carbonated soft drinks, mineral water	Any sealed bottle, can, jar, or carton composed of glass, metal or plastic
Maine	15¢(wine/liquor) 5¢(all others)	All beverages except dairy products and unprocessed cider	Any sealed container of four liters or less composed of glass, metal or plastic
Massachusetts	5¢	Beer, malt, carbonated soft drinks, mineral water	Any sealable bottle, can, jar, or carton composed of glass, metal, plastic, or a combination; Excludes biodegradables

Michigan	10¢	Beer, wine coolers, canned cocktails, soft drinks, carbonated and mineral water	Any airtight container under one gallon composed of metal, glass, paper, or plastic
New York	5¢	Beer, malt, wine products, carbonated soft drinks, soda water, and water not containing sugar	Any sealed bottle, can, or jar less than one gallon composed of glass, metal, aluminum, steel, or plastic
Oregon	10¢ 2¢(standard refillable)	Beer, malt, carbonated soft drinks, bottled water(will cover all beverages except wine, distilled liquor, milk, milk substitutes and infant formula by 2018).	Any sealed bottle, can, or jar composed of glass, metal or plastic
Vermont	15¢(liquor) 5¢(all others)	Beer, malt, mixed wine, liquor, carbonated soft drinks.	Any bottle, can, jar, or carton composed of glass, metal, paper, plastic, or a combination; Excludes biodegradables
Guam	5¢	Beer, ale, malt, mixed spirits, mixed wine, and all non-alcoholic beverages. Excludes milk, supplements, medicines	Any sealed glass, metal, or plastic container up to 64oz.

용기 표기 예 사진

(4) 저산성 식품 등록

저산성 식품이란 산성화된 식품(AF) 또는 저산성 통조림 또는 멸균된 상온 판매 음료 등의 식품을 말한다. 저산성 식품(LACF)의 제조, 가공 또는 포장에 관련된 업체는 저산성 식품(LACF: Low Acid Can Food) 신고를 하여야 한다(21 CFR 108.25(c)(1) 및 21 CFR 108.35(c)(1)). 보통 저산성·산성화 식품을 제조하는 시설 등록은 FCE(Food Canning Establishment) 등록이라고 하고, 저산성·산성화 식품 등록은 SID(Scheduled process Identification)라고 한다.

Low Acid Can Food(저산성 캔 식품)란 명칭 때문에 자신의 품목이 캔이 아니어서 여기에 해당되지 않는다고 생각하는데 이는 오산이다. 저산성이라 함은 수분 활성도(aW)가 0.85 이상인 제품을 말하며 산성화 식품이란 pH가 4.6 이하인 제품을 말한다.

냉동이나 냉장 제품, 잼류(유자차 액상 농축액 포함) 등은 예외이다. 기준이 모호해서 예외인지 모르겠으면 저산성 식품의 자발적 등록도 가능하다.

LACF 제품 등록 시 각 해당 조건에 따라 등록해야 한다.
• 모든 산성화·저산성 식품 제조 시설은 Form FDA 2541(Food Canning Establishment Registration)로 신고
• 저산성 레토르트 식품 등록은 'Food Process Filing for Low-Acid Retorted Method(Form FDA 2541d)'로 신고: 주로 통조림 캔류나 레토르트 파우치 제품
• 산성화 식품 등록은 'Food Process Filing for Acidified Method(Form FDA 2541e)'로 신고: 주로 건강식품이나 액즙류의 파우치 등이 여기에 해당될 수 있다(pH가 4.6 이하인 제품)

- 수분활성도·포뮬라 조절 방법의 식품 등록은 'Food Process Filing for Water Activity/Formulation Control Method(Form FDA 2541f)'로 신고: 건조시켜서 만든 제품
- 저산성 멸균(Aseptic) 식품 등록은 'Food Process Filing for Low-Acid Aseptic Systems(Form FDA 2541g)'로 신고: 상온 음료(수분 활성도 0.85 이상 제품)

요즘은 서면 신고보다는 온라인을 이용하는 추세이고, 온라인 신고 시 등록한 제품의 현황을 계속 이력추적할 수 있는 장점이 있다. FDA 에 온라인 계정이 있으면 FDA OAA 웹페이지 (https://www.access.fda.gov/oaa/)에 들어가서 LACF 신고를 할 수 있다.

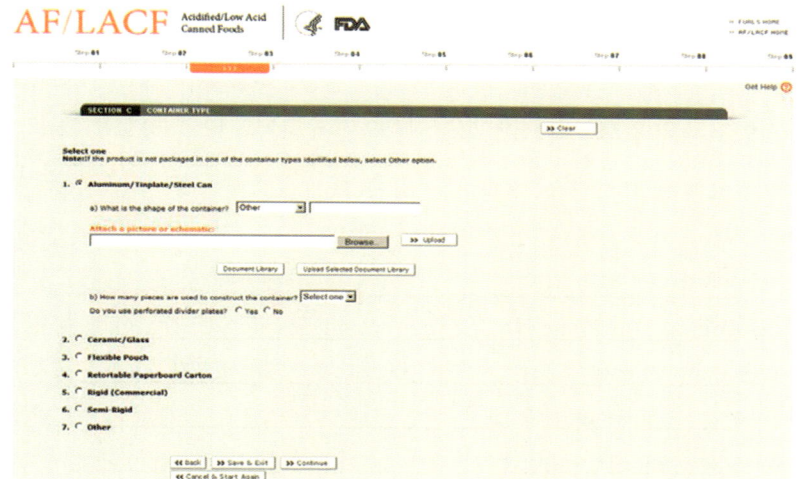

저산성 식품 온라인 등록 화면 캡처

여러 제품군에 따라 입력할 정보는 다르지만 보편적으로 들어가는 항목을 살펴보면 다음과 같다.
- 제품 정보: ph, aW, 제품 조성, 용기 크기, 성분
- 살균 정보: 살균기의 유량, 온도, 홀딩 튜브 사이즈(길이, 지름), F0 값, 유효성 평가 자료
- 기계 영문 매뉴얼(Process source, Validation report)

(5) USDA

한국 원산지의 육류는 미국에 수출이 금지된 항목이다(예외, 삼계탕 - USDA 허가가 요구된다). 청정 지역에서 가공된 소량(가공품 2% 이내, 신선육 3% 이내)에 대해 일부 수출이 허

용되며 이 경우에는 USDA의 허가를 받아야 한다. 또한 우유 및 계란이 들어간 성분에 대해서도 USDA의 허가를 신청해야 한다. 농산물의 경우에도 병충해 등을 염려하여 USDA 허가가 요구될 수 있으니 확인해야 한다.

■ 소량의 동물성 원료에 대한 완화 절차

Products That Do Not Require A Usda Aphis Veterinary Services Import Permit

(개정일: 2018년 3월 8일)

최근에는 일부 저위험군의 식품에 대해서는 허가(Permit) 대신에 정부 인증이나 서류 구비만으로 소량의 육류, 우유, 계란 성분 등의 식품 사용을 허용하고 있다. 자세한 사항은 USDA 웹페이지[41]에 있다.

이 목록 APHIS(Animal and Plant Health Inspection Service/USDA 산하 동식물 검역소)는 수입 허가가 필요하지 않지만 APHIS에서 요구하는 특정 서류를 사용하여 미국에 반입할 수 있는 필수품 또는 동물성 원료에 대한 지침이다. 아래 필요 서류는 송장 번호, 선적 표시 또는 로트 번호 또는 기타 식별 방법을 사용하여 들어오는 발송물과 명확하게 일치해야 한다. 동물 기원 성분에 대해 적용 가능한 모든 APHIS VS 요건을 충족해야 한다. 각 발송물과 함께 제출된 모든 서류는 영어 또는 영어 번역본을 포함해야 한다.

다음 A항 및 B항에 나열된 여러 동물 기원 물질로 구성된 제품이 있는 경우 각 발송물에 적절한 문서 및 인증서 등의 서류가 필요하면 APHIS VS 수입 허가 없이 제품을 반입할 수 있다. 여러 동물 기원 성분을 함유한 제품은 적절한 문서를 얻을 수 없는 경우 APHIS VS 수입 허가가 필요할 수 있다.

---

[41] https://www.aphis.usda.gov/animal_health/downloads/import/list-of-low-risk-and-exempted-animal-origin-ingredients-and-products.pdf

A. APHIS 수입 지침은 여기에서 확인할 수 있음

- 수입하려는 물품이 섹션 B, C 및 D를 검토하기 전에 이 지침에 언급되지 않았는지 확인해야 함
- 이 지침은 입국 조건의 일부로 VS 수입 허가를 필요로 하지 않는 일부 상품을 설명함
- 이 지침에 적용되는 특정 상품에는 정부 인증이 필요하지만 다른 제품에는 제조 업체·생산자의 진술이 필요할 수 있음
- 제품을 수입하기 전 지침의 모든 요구 사항을 충족하는지 확인해야 함

B. 정부 인증을 요구하지 않는 제품

다음 제품은 APHIS VS 입국 조건의 일부로 정부 인증 또는 VS 수입 허가가 필요하지 않으며 제한 없는 제품으로 수입될 수 있다. 이러한 제품은 미국 세관 및 국경 보호국(CBP)의 검사를 받아야 하며 제조 업체, 배송 업체 또는 판매자가 준비한 공식 서한에 대한 공식 원산지 증명서, 선하증권(B/L), 송장(Invoice), 라벨 또는 문서를 첨부해야 한다. 문서에는 제품 유형, 동식물의 종, 의도된 사용(필요할 경우) 및 원산지(필요한 경우)를 포함할 수 있다.

B1. 토끼, 캥거루, 코뿔소, 코끼리, 곰 및 설치류 물질

다음 사항은 제외

- 위의 육류로 가공된 Rendered Meal, 다이제스트(Digest), 가수 분해된 단백질 및 유사 재료
- 1 리터 이상의 토끼 또는 설치류 혈청 선적(APHIS 수입 지침 #1103은 실험 동물의 연구 물질을 다룸)
- 이국적인 가축 또는 가금류 질병 인자가 접종되거나 노출된 동물에서 유래된 물질 또는 가축 또는 조류 종에 영향을 미치는 외래 질병 인자와 함께 작용하는 시설에서 유래한 물질

B2. 산업용 젤라틴(동물 또는 인간이 소비하지 않는 경우)

- 산업용 젤라틴 또는 동물 접착제
- 사진 필름

*참고: 용도를 선언하는 문서로 대체할 수 있다.

B3. 가식할 수 없는 조류 schmaltz 및 schmaltz 유도체(조류 지방)

B4. 기구와 라켓용 내장 스트링, 내장에서 파생된 봉합 재료를 봉합하여 액체로 포장한 것

B5. 유일한 동물 기원 성분으로 우유 또는 유제품을 함유한 사람 섭취를 위한 특정 제품

*여기에 열거되지 않은 상품은 C1

- 버터 및 버터 오일(규정 – 9 CFR 94.16 면제)
- 단단한 치즈(경질·연질) 및 저온 살균 가공 치즈(액체 함유 치즈 및 육류 함유 치즈는 제외)(규정 – 9 CFR 94.16 에 의해 면제됨)
- 캐나다에서 원산 및 수출되는 유제품(동물 제품의 원산지 증명을 요구할 것임)
- APHIS 수입 지침 #1122 의 요건을 충족하는 우유·유제품 및 동물성 비타민 또는 젤라틴을 함유한 완전히 완성된 식품
- 정유·결합제로서의 분유
- 9 CFR 94.16(b)(1)의 요건을 충족하며 상업적 라벨이 붙은 밀폐 용기에 담긴 상온보관용 농축 액상 유제품(설탕이 함유되어 있지 않음)
- 양식된 유제품(예: 요구르트, 케피어 및 사워크림 등): 제품의 추가 조작이 필요 없는 최종 완성 포장으로 상업적으로 표시되고 제시된 유일한 동물 기원 성분으로 분유를 함유하는 제형(분유 또는 분유를 포함하는 모든 제품을 포함하여 다음을 부분품으로 포함하는 모든 제품 포함 – 포함 목록: 베이킹 믹스, 코코아 믹스, 음료 믹스 등)

B6. 유일한 동물 기원 성분으로 우유 또는 유제품을 포함하는 동물 소비를 위한 특정 제품

*여기에 열거되지 않은 상품은 C1

- 버터 및 버터 오일(규정 – 9 CFR 94.16 면제)
- 단단한 치즈(경질·연질) 및 저온 살균 가공 치즈(액체 함유 치즈 및 육류 함유 치즈는 제외)(규정 – 9 CFR 94.16 에 의해 면제됨)
- 캐나다에서 원산지 및 수출되는 우유·유제품(우유 성분의 원산지 증명 필요)

B7. 인간의 소비를 위한 특정 계란 제품

- 우유, 유제품 또는 계란, 계란 제품, 또는 비타민 A, 또는 비타민 D3 성분을 함유한 캔디, 과자류, 완전 구운 제품, 음료 믹스, 마요네즈, 마른 파스타, 건조한 평범한 국수, 샐러드용 소스, 계란을 포함한 소스, 팬케이크 믹스, 빵 믹스, 케이크 믹스, 상업적으로 라벨이 붙어 밀폐된 용기에 사람이 섭취하는 달걀 성분이 들어 있는 상온 제품

B8. 인체에 사용되는 특정 계란 제품 의약품/영양제

- 달걀 인지질, 어유/생선 유도체 파생물 유무
- 어유/어유 유도체가 있거나 없는 달걀 레시틴

B9. 특정 동물 유지(Tallow) 또는 파생물
- 인간의 소비를 위해 준비된 식품(마가린, 사탕)과 Tallow(예: 프렌치 프라이 및 해시 브라운)로 조리된 식품에 성분으로 포함된 식용 Tallow
- 유일한 동물 기원 물질로서 우지 유도체를 함유한 제품(벌크로 된 소의 초유는 제외)
- 유일한 동물 기원 물질로서 벌크 또는 제품의 양가죽 유도체

B10. 특정 트로피/박물관 견본
- 트로피 또는 박물관 위탁품의 뼈, 뿔 및 발굽 등
- 완벽하게 박제된 트로피(도착항에서 검사 대상)

B11. 특정 가죽/가죽 제품
- 출품 시 검사로 확인된 경질 건조(부싯돌 건조)된 반추 동물 가죽 및 가죽(규정 9 CFR 95.16 에 의해 면제됨)
- 아프리카 돼지 열병이 없는 국가의 돼지 가죽
- 완제품/박제 완제품/가죽 뚜껑(예: 양탄자)(도착 항구에서 검사 대상)

B12. 뼈 또는 뿔로 만든 완제품(동물 소비 품목 제외)
예: 단추, 도구, 무기(나이프 핸들, 권총 그립) 및 기념품이 포함되나 이에 국한되지는 않음. 뼈/뿔의 벌크 선적 제외

B13. 깃털이 들어간 완제품(동물 소비 품목 제외)
예: 외투, 이불, 공예 및 베개. 벌크 깃은 포함되지 않음

B14. 동물 기원의 잡화 성분 제한없이 허용되는 성분
- 소매용, 최종 포장용 화장품
- 계란 단백질 샴푸
- 동물에서 추출한 물질로 젤라틴을 함유한 식품(예: 사탕, 젤라틴, 젤라틴 디저트(Royal and Jell-o), 잼, 젤리, 마시멜로, 푸딩 및 셔벗)
- 비저질 지방 및 비저밀도 지방질 파생물
- 젤라틴 기반 거미 비타민
- 소, 염소 또는 양 이외의 뼈 가루, 뼈의 탄소 성분 또는 뼈숯

- 밀랍, 로열젤리, 꿀 또는 기타 벌 제품. 살아 있는 것 또는 죽은 벌의 수입은 APHIS 식물 보호 및 격리에 의해 규제될 수 있음
- 인간용 동물성 단백질의 정제 또는 가공은 최종 소비자 판매용으로 준비된 완성된 인간용 식품에서 성분으로 제시될 때 제한 없이 허용됨(가공 동물성 단백질의 대량 선적 제외)

C. 정부 인증을 요구하는 제품

다음은 APHIS VS 수입 허가가 일반적으로 요구되지만 필수는 아닌 제품의 약식 목록이다. 이 제품들은 해당 CFR 규정 및 제품에 해당하는 수출 지역 정부의 풀타임 수의사가 보증하는 최초 정부 인증서를 사용하여 미국에 반입될 수 있다. 인증은 선적 물량 또는 인증된 자재에 고유한 원본 문서여야 한다. 영문이 아닐 경우에는 인증서의 영문 번역본을 제공해야 한다.

C1. 위의 섹션 A 또는 B에 나열되지 않은 우유/유제품(APHIS가 구제역(FMD)이 없는 것으로 인정한 지역에서 공급 및 가공)

C2. 동물성 젤라틴 캡슐 비함유 또는 함유
- 유당 및 유당 유도체
- 동물에서 추출한 비타민 A 또는 D3
- 어유(Fish Oil) 및 기타 수생 종의 물질(Tubifex 웜, 혈흔(Chironimid sp.), 해독제, 하이드로 실 레이트, 어육 사료, solubles)
- 소 수지(Tallow) 또는 수지 유도체(예: 스테아르산 마그네슘 또는 스테아르산)
- 양가죽 유도체
- 소 콜라겐
- 밀랍 또는 로얄젤리(APHIS 식물 보호 및 격리 보관소에 문의)

*A, B 또는 C 항에 열거된 물질을 함유한 동물성 젤라틴 캡슐을 가져오려면 개별 동물 물질에 대한 적절한 문서를 얻어야 함.

쉬어 가는 페이지

"무대뽀와 몰랐어요 마인드"

미국에 있다 보니 지자체별로 식품 수출 사절단을 데리고 오는 것을 많이 보았다. 미국 교민 장터에 지자체 특산물을 판매함과 동시에 수출 판로를 위해 많은 중소 식품 업체가 지자체 공무원과 함께 오고 있다.

최근 미국 식품안전현대화법(FSMA) 발효로 외국 식품의 미국 진출이 까다로워졌음에도 불구하고 이에 대한 정보가 전혀 없고 되레 이런 법이 언제 생겼냐, 전에는 문제없이 수출했다, 우리는 안 해도 된다 등의 다양한 반응을 보이고 있다. 여러 지자체의 수출 사절단 세미나에 필자가 강사로 초빙되어 미국 FDA 법규에 대한 설명을 할 때마다 반응이 시큰둥하다. 우리가 수출을 얼마나 한다고 그런 거 다 지키면서 하느냐는 식이다.

미국 법률은 엄격하다. 한국에서 일어나는 성폭력 범죄, 경찰관 구타 등에 대한 솜방망이 처벌을 보면서 한국은 법 안 지키기 좋은 나라라는 생각이 든다. 미국은 성폭력, 특히 아동 성범죄에는 몇 백 년 형량을 부과할 정도로 매우 엄격하다.

경찰관 구타에는 처벌이 아니라 아예 경찰관의 총에 맞아 죽는 수가 허다하다. 미국에서 이민자로 살아온 나로서는 조그만 법규 하나 어길까 봐 노심초사하는데 한국 중소기업의 법규 의식을 보면 놀라지 않을 수 없다.

수출 판로 개척 전에 먼저 미국의 법규에 대한 검토가 선행되어야 한다. 새로 생긴 FSVP(해외 공급자 검증 제도)만 보더라도 일정 수준 이상의 제품만 미국으로 들어올 수 있다. 이제는 '몰랐어요' 또는 '괜찮아' 등 배 째라 식의 자세는 허용되지 않는다.

물론 미국법도 소규모 업체에 대한 면제나 완화 규정이 있지만 그렇다고 문제 발생에 대해 책임을 면제해 주는 것이 아니라 신의성실의 의무(Due Diligence)를 다해야 한다. 최근 트럼프 대통령이 유례 없이 많은 거짓말을 해 신뢰와 정직을 바탕으로 한 미국의 가치가 손상되고 있지만 아직도 미국은 정직을 바탕으로 하는 사회이다. 미국 공장에서는 문서 하나만 조작해도 바로 해고되는 경우가 많다.

미국 법은 한국 법과 달리 세세한 시행규칙까지 마련하는 법률 구조가 아니라 사례 중심, 판례 중심이라 법의 의도에 따라 개인이나 회사가 책임 있게 행동해야 할 때가 많다. 또한 법규 준수에 대해 감시보다는 자율 책임의 성격이 강한 대신, 문제가 생기면 처벌이 엄격하다. 한국은 세세한 규칙까지 만들어 그 법만 겨우 지킬 뿐 처벌은 미국보다 심하지 않은 것 같다.

법의 발효와 개정에 대한 최신 동향을 알고 적용하는 것은 업체의 책임이다. '몰랐어요' 자세는 허용되지 않는다. 큰 업체는 사내에 관련 부서가 있어 전담하지만 작은 업체는 전문가나 정부 기관의 도움이 필요하다. 해외 수출이 많은 한국으로서는 외국의 법령에 대한 정보 제공 등이 우선되고 홍보되어야 한다. 한국 전문가들이 해외 규정을 모르면 교포든 외국인이든 해외의 전문가를 활용해야 한다.

눈 가리고 아웅 식의 시대는 지났다. 법규 준수는 물론이고 한 단계 높은 식품 안전을 기할 때이다. 정부가 업체들을 감독하느라 기관의 규모를 무한정 늘릴 수도 없는 노릇이다. 효율적인 유관 기관의 감독과 업체의 자율적 책임 및 권한 강화, 처벌 수위 강화 등으로 한 단계 선진화된 식품 업계의 발전이 필요한 때이다.

15.
캐나다 법령

캐나다 식품 검사청(CFIA)은 2018 년 새로운 법령 SFCR(Safe Food for Canadian Regulations)을 발효하여 동물 및 식물의 건강과 안전을 강화하려 했다. 기존 규제와 시스템도 잘 작동되고 있지만 수십 년 전에 개발된 것이다. CFIA 의 창설, 대부분의 캐나다 음식이 시작되었을 때 식품 기술은 덜 발전했고 공급망은 간단했다. 시대가 지남에 따라 음식, 동물 건강 및 식물에 대한 위험이 상당히 급속하게 변화해 캐나다의 식약청을 지원하는 동시에 보다 효율적이고 대응력이 있어야 할 필요가 대두되었다.

SFCR 에 따르면 대부분의 기업은 예방 식품 안전을 실시해야 한다. 미국의 식품안전현대화법(SFCR)과 비슷한 법령이라고 생각하면 된다.

적용 대상은 다음과 같다.
- 식품의 제조, 가공, 취급, 보존, 등급 분류, 포장 또는 라벨을 부착하는 업체
- 주 또는 준주 경계를 넘어 수출되거나 수입하는 경우
- 주 정부 전역에 수출되거나 보내는 신선 과일 또는 채소를 재배하거나 수확하는 경우
- 어패류
- 육류
- 유제품

1) 식품 위해요소 예방 플랜(PCP)의 필요

PCP(Preventive Conotrol Plan)가 필요하다. 이는 식품 및 식품 동물에 대한 위험이 확인되고 통제하는 식품 위생계획을 말한다. 컨트롤은 국제적으로 인정된 위험 요소를 기반으로 한다. HACCP 원칙이 PCP 에 포함되어 있다. 레이블, 식품 등급 및 신원 확인 기준과 관련된 조치에 대해 설명한다.

수입업자의 경우 PCP 는 수입업자와 그 외국 공급자가 어떻게 회의하고 있는지 기술하고 준비 사항을 요구하고 있다.

2) 추적 가능성(Traceability)

SFCR 은 추적 가능성(Traceability)을 요구하고 있다.이력 추적 가능성은 식품 또는 식품 상품의 이동을 추적할 수 있는 능력이며 한 단계 뒤로 그리고 한 발 앞으로 나아가서 추적해야 한다. 이는 다음과 같은 대부분의 식품 사업에 적용된다.
- 수입 식품
- 수출 식품
- 주 또는 준주 경계에서 식품을 배포하거나 보낼 경우
- 식품의 제조, 가공, 취급, 보존, 등급 분류, 저장, 포장 또는 라벨을 붙이는 경우
- 주 또는 준주 경계를 넘어 수출되거나 인도되는 경우
- 신선 과일 또는 채소를 재배하고 수확하여 수출하는 경우
- 육류 제품에서 유래된 도축 식육 동물
- 식용 육류 제품 검사를 위해 수입된 상태로 보관 및 취급

이력추적 가능성 요구 사항은 레스토랑 및 기타 유사한 비즈니스에는 적용되지 않는다. 이력추적성 문서는 반드시,
- 음식 식별: 음식의 일반적인 이름, 음식의 이름 및 주소
- 제조, 저장, 포장 또는 라벨을 부착한 자
- 음식, 그리고 많은 코드 또는 다른 고유한 식별자
- 음식을 공급하고 원재료를 공급받은 앞뒤의 단계에 대한 이력을 추적해야 한다.
- 음식이 제공된 날짜 포함

- 공급 라인에 음식을 제공한 사람에게 공급 후에 대한 이력을 추적해야 한다.
- 해당되는 음식을 만들기 위해 사용하는 재료를 확인하고 추적해야 한다. 그들이 당신에게 제공된 날짜를 포함하여 해당되는 경우, 도살한 동물을 확인하고 추적해야 한다.

기록은 명확하고 읽기 쉬운 형태로 2년 동안 유지되어야 하며 캐나다 정부 요청 시 CFIA에 제공해야 한다. 전자 기록이 사용되는 경우 단일 파일로 쉽게 열 수 있는 형식으로 제공해야 한다.

3) 캐나다 수입자의 역할

캐나다의 식품 수입업자도 미국의 FSVP 처럼 해외 공급자를 검증하도록 요구되고 있다. 그리고 식품 수입업자 또한 캐나다 식품청의 라이선스를 받아야 수입이 가능하다.
수입업자는 수입 식품이 안전하고 충족되는지 확인할 책임이 있다.

요구 사항
SFCR에 따른 예방적 통제 계획(PCP): 수입 식품이 안전하고 적합한지 확인하는 방법을 간략하게 설명한 서면 계획. 수입자는 다음과 같이 음식을 안전하게 지켜야 한다.
- 위해요소 통제: 오염의 잠재적 위험을 인식하고 수입 식품에 대한 생물학적, 화학적 또는 물리적 위험이 어떻게 통제되는지 설명해야 함
- 공급 업체 알기: 외국 공급 업체가 식품 제조, 저장 및 운송 시 국내 공급 업체와 동일한 수준의 안전 기준을 충족하는지 확인해야 함
- 예방관리계획(PCP) 작성: 정기적으로 기록하고 검토
- Receiving 프로세스가 잘 작동하는지 점검하고 확인하는 방법
- 수입 식품이 안전성, 채점, 표준, 라벨링 및 순수량에 대한 요구 사항을 충족시키는지의 여부
- 불만 사항 및 리콜을 처리할 수 있는 절차가 있다는 것
- 서면 예방관리계획은 수입식품과 관련된 위험을 이해하고 있음을 보여 줌. 수입자가 수입하는 식품에 대한 예방통제를 설정하고 외국 공급자가 그러한 위험을 통제하기 위해 취하는 조치에 대해 설명해야 함
- 신규로 적용되는 수입자 라이선스

- 상기 제조자처럼 이력추적 가능성 프로그램(Traceablity)

4) 캐나다 신규 라벨법
(*캐나다 식약청 새 라벨링 지침 번역본)

Canadian Food Inspection Agency(CFIA)는 최근 Safe Food for Canadians Act(SFCA) 및 관련 규정에 대한 최신 지침을 발표했다. 이 발표에는 라이선스, 내보내기 및 레이블링 지침에 대한 최신 정보뿐만 아니라 단계별 안내서가 포함되어 있다.

(1) 수출업계는 캐나다인을 위한 안전한 식품 실행을 위해 어떻게 행동해야 하는가?
캐나다 식품 안전법(SFCA)의 적용을 받는 식품 사업체로서 다음의 책임을 진다.
- 귀하가 준비, 수입 또는 수출하는 식품의 안전성은 규제 요건을 충족할 것
- 소비자가 기대하는 안전한 품질의 식품을 보장할 것
- 식품에 허위 또는 오도하지 않고 규제 요구 사항을 충족시키는 방식으로 라벨을 지정하고 광고하며 제시할 것

SFCA는 Canadian Food Inspection Agency(CFIA)에 따라 캐나다 농산물법, 어류 검사법, 육류 검사법, 소비자 포장 및 표시법의 식품 규정과 같은 이전 식품 관련법을 통합하고 현대화한다.
이러한 행위를 통합함으로써 CFIA는 소비자에게 보다 안전한 식량을 제공하기를 희망한다. SFCA의 초점 분야 중 하나는 소비자 포장 및 라벨링법(Canadian Packaging and Labelling Act)에 따른 식품 라벨링이다. 향상된 라벨링은 캐나다인이 매일 먹는 습관에 대한 정보에 입각 한 식품 선택을 하는 데에 도움이 될 수 있다.

(2) SFCR에서 내 식품 사업이 기대할 수 있는 주요 라벨링 변경 사항은 무엇인가?
라벨링과 관련하여 SFCR에서 기대하는 세 가지 주요 변화 영역이 있다.

① 영양 정보표
포장 식품의 영양소 표기는 다음을 반영하여 변경된다.
- 더 쉽게 읽을 수 있도록 서빙 크기와 칼로리의 폰트를 크게하였다.

- 설탕에 대한 일일 값(DV) 퍼센트와 설탕이 식품에 얼마나 함유되어 있는지, 일반적 인식이 요법에 미치는 영향을 설명하는 주석(예: 5% 이하가 적고 15% 이상이 많음)
- 영양염 목록에 칼륨 첨가. 대부분의 캐나다인은 식이에 충분하지 못하고 칼륨은 건강한 혈압 유지에 중요한 역할을 한다.
- 캐나다인 대부분의 정기적 인식이 요법을 통해 일일 한도에 도달함에 따라 영양소 목록에서 비타민 A 및 비타민 C를 제거한다.

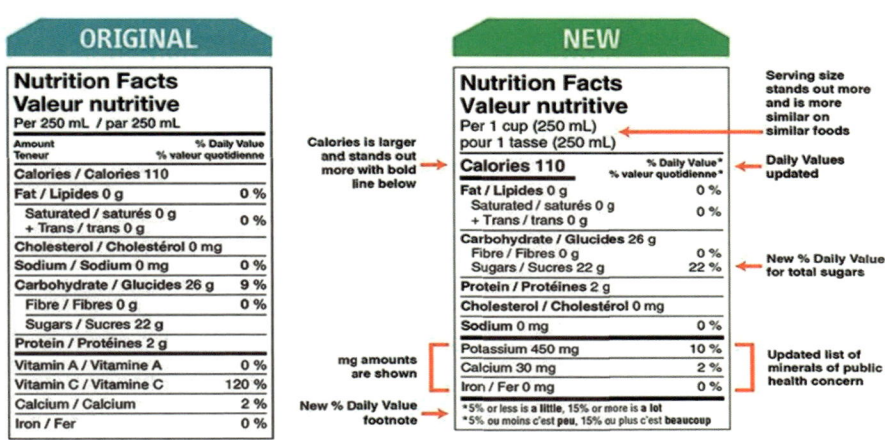

② 서빙 사이즈

서빙 사이즈는 캐나다인들이 한번에 소비하는 실제적인 양을 반영하도록 하였다. 서빙 사이즈가 일일 권장 섭취량의 200%까지 포장된 경우에는 한 포장단위의 양을 1회 서빙 사이즈로 한다.

제안된 변경 사항은 밀가루, 쌀, 요구르트 및 우유와 비슷한 가정용 측정치를 사용하여 비슷한 제품을 그룹화하는 것을 목표로 한다.

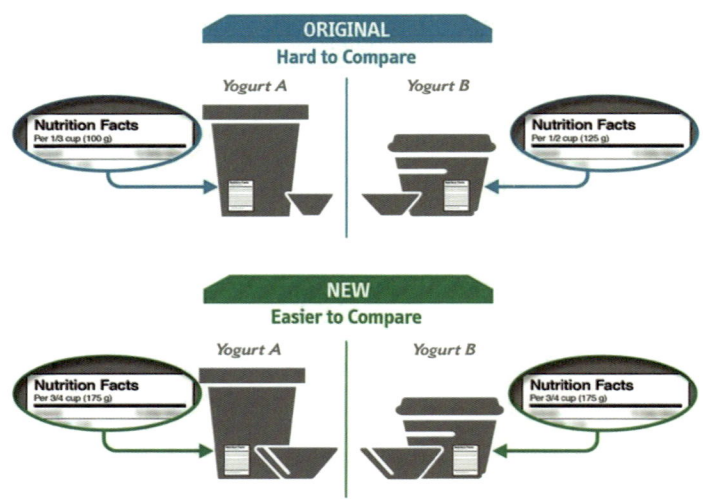

조각으로 나누어진 식품 제품은 그램 단위로 짝을 이룬다. 이러한 식품에는 크래커, 칩, 쿠키, 베이글 등이 포함된다. 이 제품의 서빙 크기는 가능한 20g 에 가깝다. 이것은 냉동 피자, 라자냐와 같이 먹기 전에 나누어진 음식에도 적용된다.

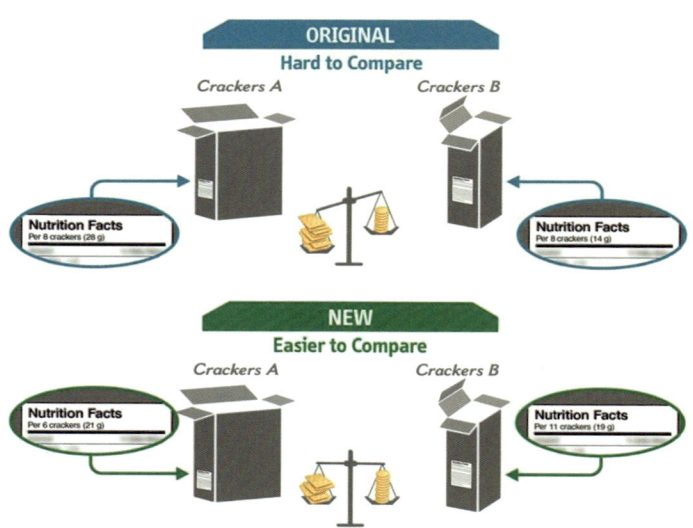

일반적으로 먹는 음식의 양. 특정 식품은 슬라이스 빵, 아침 식사용 시리얼 및 특정 육류와 같이 일반적으로 먹는 방식을 반영한 서빙 크기를 갖게 된다. 예를 들어 2슬라이스의 빵은 슬라이스 빵의 일반적인 서빙 크기이다.

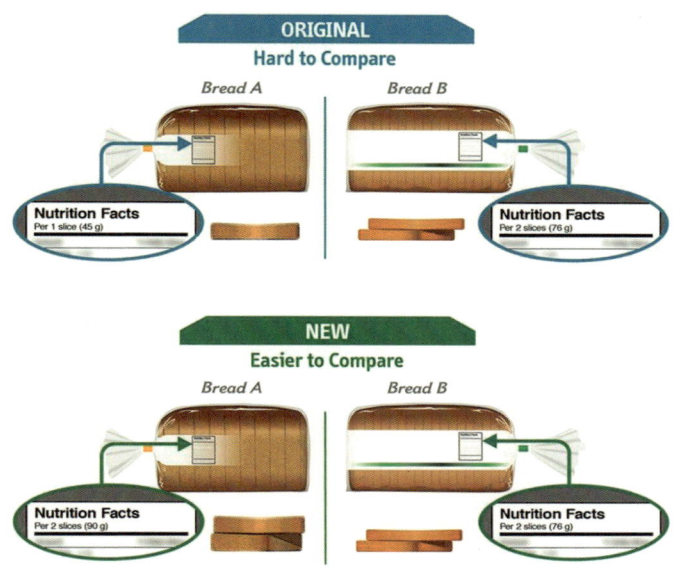

③ 성분 목록

영양소와 영양소 이외에도 식품 포장 재료 목록에 몇 가지 주요 변경 사항이 포함된다. 이러한 변경 사항은 다음과 같다.

- 제품에 우선 음식 알레르기 항원이 있는지를 나타내는 굵은 구 'contains' 추가
- Bullet 표시로 성분 분리
- 설탕을 기본으로 한 성분을 그룹화하여 일반 이름 'Sugars' 사용

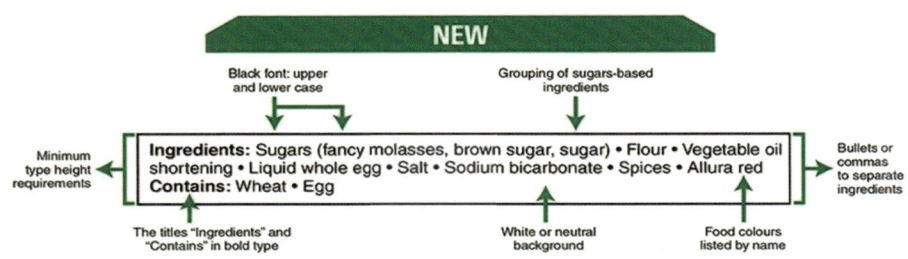

이렇게 제안된 라벨링 기준은 캐나다인을 위한 안전식품법(Safe Food for Canadians Act)에 따라 캐나다 식품안전법(Safe for Food for Canadians Regulations·SFCR)의 도입과 함께 진행될 변경 사항과 관련된 퍼즐의 작은 부분일 뿐이다. 캐나다 식품법이 중점을 두는 다

른 영역에는 라이선스 표준화, 이력추적성 및 기록 보관, 식품을 취급하는 모든 회사를 위한 위해요소 예방관리계획이 포함된다.

5) 멕시코 라벨링

멕시코의 경우 영어와 스패니시 병기로 표기한다. 표기 사항은 아래와 같다.

멕시코 영양 정보 표시

Información Nutrimental / Nutrition Facts	
Tamaño de la Porción 145g	
Serving Size 1 cup 145g	
Raciones por Envase 2 / Servings Per Container 2	
Calorías / Calories	130 Cal (560kJ)
Proteínas / Proteins	2 g
Grasas / Fats	4.5 g
Grasa Saturada / Saturated Fat	1 g
Carbohidratos / Carbohydrates	21 g
Azúcares / Sugars	17 g
Fibra Dietética / Dietary Fiber	3 g
Sodio / Sodium	0 mg

새로운 법률에 따르면 영양 정보 중에 에너지, 지방, 포화지방, 설탕, 소금은 제품 전면부 하단에 별도로 표시하도록 되어 있다.

멕시코 영양 정보 왼쪽 하단부에 표시

16.
마치며

지금까지 식품안전화 현대화법(FSMA)과 미국 수출을 위한 준비 사항들 위주로 살펴보았다. 미국법은 한국법처럼 아주 세세하고 구체적 품목별로 미생물 관리 등의 기준을 두고 있지는 않다. 한국법에 익숙한 수출업체들이 항상 명확한 답을 얻으려고 하는 것을 많이 본다. 이 책에서 다루는 범위 또한 전체적인 흐름도이지 개별 품목으로 들어가면 요구 사항이 달라질 수 있다. 그런 것들은 기존에 FDA 의 사례를 참고하는 수밖에 없다.

그리고 이러한 복잡한 절차들을 수출업체 혼자 고민할 필요가 없다. 미국에 있다 보면 한국 만큼 정부 기관에서 수출업체를 지원하는 나라가 많지 않다. 정부 기관의 지원 및 자문, 특별히 FSMA 의 경우에는 전문적인 지식이 필요하므로 전문 컨설팅 업체에 자문을 구해야 하며 미국 현지 경험이 있는 회사를 결정해야 한다.

이 책은 미국으로 식품을 수출하기 위해 사용되는 하나의 지도라고 생각한다. 자세한 내용은 각 FDA 웹페이지와 각종 문헌을 더 파헤쳐야 한다. 앞으로 2 쇄, 3 쇄 등의 개정판에는 내용을 보충할 계획이다. 자세한 정보나 문의 사항은 저자에게 메일로 문의해 주기 바란다.[42]

또한 앞으로 캐나다, 멕시코 등의 북미 지역 및 유럽, 호주, 뉴질랜드 등의 선진국 식품 법령과 제도도 소개할 예정이다. 전세계의 식품 안전 규정은 서로 좋은 것을 벤치마킹할 것으로 예상되므로 한국도 좋은 시스템을 도입해 창의적인 시스템과 시행을 몸에 익혀야 할 때이다.

---

[42] jay@jnbfoodconsulting.com

용어 정의 및 약자(알파벳순)

- Acid foods or acidified foods(저산성식품): pH 가 4.6 이하인 식품. Acid Foods 는 원래 자연적으로 4.6 이하인 식품을 말하고 Acidified foods 는 인공적으로 4.6 이하로 pH 를 조절한 제품이다.
- Allergen cross-contact(알레르기 교차오염): 비의도적인 식품 알레르기 물질의 유입에 의한 오염을 말한다.
- Water activity(Wa): 식품의 미생물 활동성을 가늠하는 수분 함량으로 순수 증기압 대비 제품의 수분 증기압을 말한다. 0.85 이하에서는 미생물 활동이 떨어지는 것으로 알려져 있다.
- CCP(Critical Control Point/중요 위해요소): HACCP 에서 가장 중요한 위해요소를 파악하고 관리하게 되어 있다.
- cGMPs(Current Good Manufacturing Practices·모범생산 운영지침): FDA 에서 요구하고 있는 식품 회사의 식품 위생 운영 규정(The regulation 117 Subpart B)
- Correction(시정 조치): 식품 위생이나 품질에 문제가 생긴 경우 원인을 밝히고 문제를 시정하는 조치
- Corrective action(예방 조치): 문제가 재발하는 것을 방지하기 위한 조치
- Critical limit(한계값): 예방통제가 필요한 위해요소를 관리하기 위한 공정상의 최댓값 또는 최솟값
- Cross-contamination(교차오염): 의도하지 않고 자연적으로 발생된 또는 비위생적인 식품에서 나온 병원균에 의해 식품이 오염되는 것
- Defect action level(결점 조치 레벨): FDA 에서는 특정 식품에 Defect level 를 지정하여 지침을 정하고 있다. 정해진 수준을 초과하는 경우에는 Section 402(a)(3) of the Food, Drug, and Cosmetics Act 상 'Adulterated'(오염)로 간주될 수 있다.[43]
- Environmental pathogen(환경적 병원균): 식품의 제조, 가공, 포장, 보관 과정에서 식품을 오염시킬 수 있는 병원균을 말한다. 예를 들면 Listeria monocytogenes and Salmonella spp. 등이 있다.
- Food allergen(식품 알레르기): (1) Milk, egg, fish(e.g., bass, flounder or cod), Crustacean shellfish(e.g., crab, lobster or shrimp), tree nuts(e.g., almonds, pecans or

---

[43] https://www.fda.gov/Food/GuidanceRegulation/GuidanceDocumentsRegulatoryInformation/SanitationTransportation/ucm056174.htm#CHPTA

walnuts), wheat, peanuts and soybeans. (2) 위의 식품에서 추출된 단백질을 포함한 성분 (단, 위의 알레르기 식품에서 고도로 정제된 오일이나 그러한 오일에서 추출된 성분은 제외)
- Food Safety Plan(식품위생계획): 식품 위생 관리를 위한 서면 계획. 위해요소 분석(Hazard Analysis)과 예방통제(Preventive Controls), 공급망 관리(Supply-chain program), 리콜 계획(Recall) 등을 포함하며 그 계획에 대한 점검과 시정 조치(corrective action), 확인 절차(verification)가 필요하다.
- Food Safety Modernization Act(FSMA·식품안전현대화법): 2011년 오바마 행정부에 의해 통과된 FDA 식품 개정 법률. PC Rule for Human Foods, PC Rule for Animal Foods, FSVP(Foregin Supplier Verification Program), Food Defense, Sanitary Transportation, Third-party certification, Produce Safety Rule 의 7개가 있다.
- Foreign Supplier Verification Program(FSVP·해외 공급자 인증 제도): FSMA 의 한 범주로서 미국으로 수입되는 제품이 미국 기준에 맞는지 수입자가 확인하는 제도
- HACCP(Hazard Analysis and Critical Control Point): 식품 위해요소 분석과 주요 통제 관리를 위한 프로그램
- Hazard(위해요소): 질병이나 부상을 일으킬 수 있는 잠재적인 생물학적, 화학적(또는 방사능), 물리학적 요인
- 완화 전략(Mitigation strategies): Food Defense 를 위해 시설의 취약 부분을 보완하여 외부의 침입을 예방화하거나 최소화하는 전략을 말함
- Preventive Controls(예방통제): 생물학적, 화학적, 물리적 위해요소를 통제하여 최소화 또는 제거하는 계획
- RTE(Ready-to-eat) food(즉석 소비 식품): 추후 요리 절차 없이 바로 먹을 수 있는 식품
- Sanitize(세척): 세척 표면에 있는 박테리아 등의 세균을 죽이는 과정
- SOP: Standard Operating Procedure
- Validation(확증): 식품 위생 계획이 의도된 대로 작동하는지 과학적이고 기술적인 증거를 확보하고 평가하는 과정
- Verification(인증): 식품 위생 계획이 의도된 대로 작동하는지 확인하는 작업
- 취약성(Vulnerability): Food defense 상 식품 시설에 의도적인 오염이 유발할 수 있는 지점, 단계 또는 절차를 말함

참고자료

- FSPCA FSVP Training Manual 1st Edition
- FSPCA PC Rule for Human Foods Training Manual 1st Edtion
- PSA Produce Safety Rule Training Manual 1st Edition
- FDA FSMA website: https://www.fda.gov/Food/GuidanceRegulation/FSMA/
- FDA FSVP website:
https://www.fda.gov/Food/GuidanceRegulation/FSMA/ucm361902.htm
- FDA Seafood website:
https://www.fda.gov/food/guidanceregulation/haccp/ucm2006764.htm
- FDA Dietary Supplement: https://www.fda.gov/food/dietarysupplements/
- FDA Nutrition Facts Labellling:
https://www.fda.gov/Food/GuidanceRegulation/GuidanceDocumentsRegulatoryInformation/LabelingNutrition/ucm385663.htm
- Canada 식약청: http://www.inspection.gc.ca/eng/1297964599443/1297965645317
- 코스트코:
https://webapps.traqtion.com/traqtionportal/servlet/PDFServlet?...Costco_Food...pdf
- 월마트: https://cdn.corporate.walmart.com/6d/f3/.../2017-supplier-food-safety-requirements.p
- 홀푸드:
https://assets.wholefoodsmarket.com/.../vendors/.../LPLP%203rd%20Party%20Audit%
- 트데이더조: https://www.traderjoes.com/contact-us/new-vendor-requirements
- USDA Organic: https://www.usda.gov/topics/organic
- Non-GMO: https://www.nongmoproject.org/
- Gluten-Free: https://gfco.org/
- Vegan: https://vegan.org/certification/
- OU Kosher: http://www.ok.org/companies/what-is-kosher/
- Halal: https://halalauthority.org/